人力资源管理理论与实践创新研究

林丽琼 许 皓 张 云◎著

图书在版编目（CIP）数据

人力资源管理理论与实践创新研究 / 林丽琼, 许皓, 张云著. -- 北京：中国书籍出版社, 2023.8
ISBN 978-7-5068-9494-4

Ⅰ.①人… Ⅱ.①林… ②许… ③张… Ⅲ.①人力资源管理—研究 Ⅳ.① F243

中国国家版本馆 CIP 数据核字 (2023) 第 131651 号

人力资源管理理论与实践创新研究
林丽琼　许　皓　张　云　著

图书策划	邹　浩
责任编辑	成晓春
责任印制	孙马飞　马　芝
封面设计	博健文化
出版发行	中国书籍出版社
地　　址	北京市丰台区三路居路 97 号（邮编：100073）
电　　话	（010）52257143（总编室）　（010）52257140（发行部）
电子邮箱	eo@chinabp.com.cn
经　　销	全国新华书店
印　　厂	北京四海锦诚印刷技术有限公司
开　　本	710 毫米 ×1000 毫米　1/16
印　　张	10.75
字　　数	203 千字
版　　次	2024 年 1 月第 1 版
印　　次	2024 年 1 月第 1 次印刷
书　　号	ISBN 978-7-5068-9494-4
定　　价	68.00 元

版权所有　翻印必究

前 言

人力资源管理是指在现代经济学框架和人本主义思想指导下，对组织内外人力资源进行合理规划与科学管理的活动的总称。不断推动人力资源管理理论与实践创新，探索更加科学和人性化的人力资源管理模式，对促进人才发展，实现组织高效运作具有重要意义。

本书以"人力资源管理的理论与实践创新研究"为题，共五章。首先是人力资源的概述，内容包括人力资源的内涵与特点、人力资源的市场、人力资源的服务、人力资源战略与规划；其次分析了人力资源管理的理论与人才建设，内容涉及人力资源管理的理论依据、人力资源管理的人才引进、人力资源管理的人才培养、人力资源管理的人才效能；再次论述了人力资源管理的信息化建设，内容涵盖人力资源的信息化发展、人力资源管理的信息技术应用、人力资源管理信息化建设理论、人力资源管理信息系统建设；接着对人力资源管理的数字化建设进行研究，内容包括人力资源管理数字化转型、人力资源管理数字化的理论与经验、人力资源管理数字化的模式、人力资源管理数字化的优化策略；最后探索了人力资源管理的高质量发展，内容涉及人力资源弹性管理机制、人力资源年龄管理开发、人力资源配置的优化措施、人力资源共享服务中心运行机制、人力资源高质量协同发展。

本书针对广大从事人力资源管理研究者与实践专业人员，以及高校师生等读者对象，力争内容全面，结构完整，层次清晰，便于阅读参考。

本书在写作过程中，笔者获得了许多专家和学者的宝贵帮助与指导，在此表示衷心的感谢。由于笔者的能力有限，加之时间紧迫，书中可能存在一些遗漏之处，希望读者们能够提供宝贵的意见和建议，以便笔者进行进一步的修订，使其更加完善。

第一章 人力资源的概述 ··· 1

第一节 人力资源的内涵与特点 ··· 1
第二节 人力资源的市场 ·· 3
第三节 人力资源的服务 ·· 8
第四节 人力资源战略与规划 ·· 12

第二章 人力资源管理的理论与人才建设 ··· 20

第一节 人力资源管理的理论依据 ·· 20
第二节 人力资源管理的人才引进 ·· 26
第三节 人力资源管理的人才培养 ·· 37
第四节 人力资源管理的人才效能 ·· 42

第三章 人力资源管理的信息化建设 ··· 56

第一节 人力资源的信息化发展 ·· 56
第二节 人力资源管理的信息技术应用 ··· 57
第三节 人力资源管理信息化建设理论 ··· 74
第四节 人力资源管理信息系统建设 ··· 85

第四章 人力资源管理的数字化建设 ··· 90

第一节 人力资源管理数字化转型 ·· 90
第二节 人力资源管理数字化的理论与经验 ·· 98

第三节　人力资源管理数字化的模式 …………………………………… 109

  第四节　人力资源管理数字化的优化策略 ………………………………… 116

第五章　人力资源管理的高质量发展 ……………………………………… 124

  第一节　人力资源弹性管理机制 …………………………………………… 124

  第二节　人力资源年龄管理开发 …………………………………………… 129

  第三节　人力资源配置的优化措施 ………………………………………… 137

  第四节　人力资源共享服务中心运行机制 ………………………………… 140

  第五节　人力资源高质量协同发展 ………………………………………… 147

参考文献 …………………………………………………………………………… 161

第一章 人力资源的概述

第一节 人力资源的内涵与特点

资源是指国家或地区内拥有的物力、财力、人力等各种物质要素的总称。其中，人力资源是生产活动中最活跃的因素，是最重要的资源。人力资源是各类组织发展的根本。

一、人力资源的内涵

人力资源是指在一定范围内能够为社会创造物质财富或精神财富、具有体力劳动或脑力劳动能力的人口的总和。对人力资源的内涵，需要从三个方面来把握：

第一，从宏观角度来看，人力资源是指一个国家或地区所有具有一定劳动能力的人口的总和；从微观角度来看，人力资源是企业等组织雇佣的具有劳动能力的全部员工的总和。

第二，人力资源的实质就是人所具有的进行物质财富或精神财富生产的能力，包含体能和智能两个基本方面。

第三，人力资源表现为具有劳动能力的人口的总和。劳动能力不仅包括体力劳动能力，还包括脑力劳动能力，这是人类所独具的。它是以人体为其存在的载体。

二、人力资源的特点

第一，能动性。人具有思想、感情，具有主观能动性，能够有目的、有意识地认识和改造客观世界。因此，人力资源的首要特征是能动性。这是人力资源与其他一切资源最根本的区别所在。这种能动性表现在三个方面：①人的自我强化，即人通过学习能够提高自身的素质和能力；②选择职业，人力资源通过市场来调节，选择职业是人力资源主动与其他资源结合的过程；③积极劳动，这是人力资源能动性的主要方面，也是人力资源发挥潜能的决定性因素。

第二，持续性。人力资源的持续性是指组织在长期内保持人力资源供应的能力和稳定性。它关注如何吸引、留住和发展人才，以及如何应对外部变化和内部需求的挑战。

第三，时效性。人力资源是具有生命的资源，其开发和利用都会受到时间方面的限制。从个体角度看，作为生物有机体的人，如果人力资源得不到及时与适当的利用，个体所拥有的能力就会随着时间的流逝而降低甚至丧失。而作为人力资源，人能够从事劳动的自然时间又被限定在其生命周期的中间一段。在不同年龄阶段，人能从事劳动的能力不尽相同。从社会角度看，人力资源的开发和使用也有培养期、成长期、成熟期和老化期。

第四，协同性。企业由不同岗位与职能部门构成。企业不同部门、不同员工工作职能必须具备协同性。人力资源的互补性体现在岗位职责互补、能力互补、气质互补、年龄互补等方面。通过协同产生的合力比单个员工的能力简单相加要大得多。

第五，资本性。人力资源具有资本属性，与一般的物质资本有共同之处。人力资源的资本属性主要表现为两个方面：①人力资源是个人、企业和社会等投资的产物，其质量高低主要取决于投资的程度。因为人作为一种原生性资源，其能力不可能是先天就有、与生俱来的，而是通过后天的学习获得的。为了形成能力，人必须接受教育和培训，必须投入资金和时间。而且，为了维持人力资源形成后的能力，同样需要一定资金和时间的投入。②人力资源在一定时期内可能源源不断地带来收益，它一旦形成，便能够在适当的时期内为投资者带来收益。

第六，复杂性。人力资源具有复杂性的特点，因为它涉及各种不同的因素和变量，包括员工的个性、能力、动机、价值观等。这些因素的相互作用和影响使得人力资源管理变得复杂，需要综合考虑多个方面来进行决策和管理。

第七，多样性。人力资源具有多样性的特点，因为员工来自不同的背景、文化、教育水平和经验。这种多样性为组织带来了不同的观点、创意和能力，但同时也需要管理者具备包容性和灵活性，以更好地应对多样性带来的挑战。

第八，不可替代性。人力资源是组织中不可替代的重要资源。尽管技术和自动化的发展使得某些工作可以被机器替代，但人力资源在许多关键方面仍然是不可或缺的，如创新能力、情感智能、人际关系等。因此，合理管理和发展人力资源对组织的长期成功至关重要。

第九，可塑性。人力资源具有可塑性的特点，即人的能力和潜力是可以通过培训、教育和发展来提升的。通过有效的人力资源管理，组织可以通过培养和激励员工的成长和学习，提高他们的能力和素质，从而为组织的发展提供更好的支持。

第十，人文性。人力资源的特点中还包括人文性，即关注员工的福祉和幸福感。人力资源管理不仅仅是关注组织的利益和目标，还应关注员工的个人需求和发展。关注员工的人文性可以增强员工的归属感和忠诚度，促进员工的工作满意度和绩效表现。

第十一，变动性。人力资源是一个动态的系统，随着时间和环境的变化，人力资源的需求和供给也会发生变化。因此，灵活性和适应性成为人力资源管理的要素，以应对变化带来的挑战和机遇。

第十二，关系性。人力资源的特点还包括关系性，即人力资源管理涉及组织内外各种关系的处理和协调。这包括与员工的关系、与其他部门和团队的关系、与劳动力市场和社会环境的关系等。有效管理这些关系对于组织的整体运作和发展至关重要。

第二节 人力资源的市场

人力资源市场是指涉及招聘、雇佣、培训和管理人力资源的经济环境和活动。它是一个广阔而多元化的市场，涉及各个行业和组织，包括企业、政府机构、非营利组织等。

一、人力资源市场的含义

人力资源市场的含义如下：

第一，从外在形式的角度来看，人力资源市场是指劳动供求双方在交换过程中进行互相选择、平等协商的场所。它包括为实现劳动力交换提供各种服务的机构和交换场所，如劳务市场、人才市场、人才交流中心、职业介绍服务中心等。这些概念出现在我国不同时期不同部门的政策、法律文献中，产生于市场化劳动人事制度改革过程中的特定阶段。

第二，从内在机制的角度来看，人力资源市场是指在市场规律的作用下，通过劳动力供求双方自愿进行劳动力使用权转让和购买活动以实现劳动力资源合理配置的一种机制。它代表了一种经济关系，其实质是实现劳动力资源市场化配置的一种机制，即借助市场机制促使劳动力合理流动和优化组合。

人力资源市场的基本功能，就是通过劳动力使用权的转让与购买，实现人力资源在各种社会用途之间的分配，也就是劳动力资源的合理配置。它通过价值规律的作用和竞争机制的功能，把劳动力资源配置到效益较好的部门、行业和环节中去，从而提高整个经济运行的效率和活力。

总之，人力资源市场是内在机制和外在形式的统一。人力资源市场涉及劳动者从求职、就业、培训、转业直至退休的全过程；涉及用人单位招聘、支付报酬、提供劳动安全卫生条件、福利待遇、辞退、补充新职工等诸多环节；涉及劳动关系的确立、调整和终止以及人力资源市场的中介服务、信息引导和法制管理等。

人力资源市场是在明确将社会主义市场经济确立为经济体制改革的目标模式后所使用的概念。就学理含义而言，其涵盖各种类型的劳动力资源。人力资源市场作为一个法律概念，其作为配置劳动力资源的各种市场的统称，替代原来意义上的人力资源市场和人才市场的概念，体现了人力资源市场和人才市场走向统一，完善人力资源市场的政策主张。值得注意的是，劳动力、人力、劳动力资源、人力资源在学理上是含义相同的不同称谓，只是在习惯上的使用场合有所差异。例如，在劳动力资源配置、劳动力供求、人力资源管理等概念中，劳动力资源、劳动力、人力资源的含义并无差别。因此，人力资源市场和劳动力资源市场的学理含义相同，使用的场合则不同，人力资源市场多用于学术性研究，劳动力资源市场则多用于政策文件中的表述。

二、人力资源市场的作用

人力资源市场在现代社会中扮演着重要的角色，其作用包括以下几个方面：

第一，提供就业机会。人力资源市场是雇主和求职者之间的桥梁，为求职者提供了广泛的就业机会。企业通过在市场上发布职位空缺，吸引合适的人才加入他们的团队。

第二，匹配供求关系[①]。人力资源市场有助于将供给和需求进行有效匹配。企业可以在市场上寻找具备所需技能和经验的员工，而求职者则可以找到适合自己能力和兴趣的工作岗位。这样的匹配可以提高劳动力市场的效率和生产力。

第三，促进经济增长。人力资源市场的正常运转对于经济的发展至关重要。通过提供就业机会，人力资源市场可以增加就业率，增加劳动力参与经济活动，从而推动经济增长。同时，它也提供了企业人才的储备和流动渠道，使得企业能够更好地适应市场需求，提高竞争力。

第四，提供人力资源管理支持。人力资源市场提供了丰富的资源和服务，支持企业进行人力资源管理。这包括招聘、培训、绩效评估、薪酬管理等方面的支持，从而帮助企业更好地管理和发展他们的人力资源。

第五，促进职业发展和人才流动。人力资源市场为个人提供了广泛的职业发展机会。求职者可以通过市场了解不同行业的就业趋势和需求，选择适合自己发展的方向。同时，

---

① 供求关系是指市场上商品或服务的供给与需求之间的相互关系。在市场经济中，供给方是指愿意出售商品或提供服务的生产者或供应商，而需求方则是指愿意购买商品或享受服务的消费者或需求者。

人力资源市场也促进了人才的流动，使得人才能够在不同的企业和行业之间流动，从而获得更广阔的发展机会。

总之，人力资源市场在实现雇佣和就业之间的有效匹配、推动经济增长、支持人力资源管理等方面发挥着重要的作用。它不仅为企业提供了人才资源，也为个人提供了就业和职业发展的机会。

三、人力资源市场体系的构成

人力资源市场体系指的是一个涵盖劳动力供给和劳动力需求的整体结构和运作机制。它是一个由各种参与者组成的系统，包括个人求职者、用人单位、人力资源服务机构以及相关政府机构等。一个完整、健全的人力资源市场体系应包括以下四个子体系：

（一）宏观调控体系

宏观调控体系是指政府及其管理机构对人力资源市场进行宏观管理、调节和控制的手段与行为。人力资源市场不是毫无约束的自由市场，它必须受到宏观调控和指导，才不会呈现无序发展的自由化状态。政府是人力资源市场的管理者和宏观调控者。政府制定相关的法律法规，形成健全的人力资源市场运行规则，科学规范人力资源市场供求双方及人力资源市场的就业服务等行为；并通过货币政策、财政政策、收入政策等宏观经济政策和行政手段调节人力资源的流向配置，保证人力资源市场和国民经济健康有序地运行。

（二）机制运行体系

机制运行体系在整个人力资源市场体系中占据主导地位，该体系使市场规律全面发挥作用。这一体系包括以下三个关键要素：

第一，人力资源供给方。人力资源供给方包括人力资源供给个人或团体。

第二，人力资源需求方。人力资源需求方包括人力资源的需求单位。

以上两个要素也被称为人力资源市场的主体要素，即在人力资源市场上参与市场活动的单位或个人，是人力资源市场形成的前提。

第三，人力资源价格。人力资源价格（工资）是人力资源市场的利益驱动力，是人力资源市场上调节市场活动的"看不见的手"，由人力资源市场的供求关系调节。工资率是引导人力资源合理配置的价格信号，市场经济下的工资应该是市场工资。只有当国家劳动人事、工资分配、社会保障等制度全面改革，人力资源供求关系进入工资决定的情况下，价格才能真正发挥市场机制的调节作用。

人力资源市场的运行机制是一般市场机制在劳动力这一特殊商品上的表现。人力资源市场的基本运行机制是由相互联系和相互制约的供求机制、竞争机制、价格机制及流动机制组成的。人力资源市场是在价格机制、供求机制、竞争机制和流动机制的共同作用下,形成有序的运行模式:工资上升,劳动力流入,供给量增加,竞争加剧,出现供过于求;工资开始下跌,劳动力流出,供应量减少,出现供不应求,工资又开始上升。在四大基本机制的交互作用中,市场运动不断循环往复地进行。但在市场机制的相互运行中,非市场性因素总会不时地影响市场机制的运行。

(三) 就业服务体系

就业服务体系是保证人力资源市场正常运行必不可少的条件。就业服务是指以政府就业服务部门为主体,以社会中介组织为补充,对人力资源的供给方和需求方提供相关服务工作的总称。例如,提供人力资源市场信息、职业介绍、职业指导、职业培训、职业技能鉴定、职业安全与卫生、岗位开发等服务。就业服务有利于促进就业,培育人力资源市场,促进人力资源供求结合的实现。因此,做好就业服务工作对于完善人力资源市场和实现充分就业具有决定性意义,同时也有利于经济和社会的稳定发展。

(四) 社会保障体系

社会保障体系是由政府出面,代表社会对劳动过程中的风险、对市场竞争中暂时退出市场形成的风险以及劳动者最终退出劳动过程后的基本生活进行保障。它包括养老、失业、工伤、生育、医疗等各项社会保险。在完善的市场体系中,为了保证就业者在生病、工伤、生育、失业、退休时,不因减少劳动收入或完全丧失劳动收入而失去生存条件,政府通过再分配手段,由政府、企业、个人共同筹资,建立基金,帮助解决劳动者在生老病死、伤残和失业时的生活问题。这有利于保障劳动者的基本权利,维护社会稳定。

除此以外,人力资源市场的运行还离不开一些基础要素,即人力资源市场赖以存在和运行所必需的硬件和软件的总和,这些是人力资源市场建立的基础。其中,硬件要素是指人力资源市场运作所必需的场所、设备以及服务机构等物质条件;软件要素是指市场发展的理论认识、思想观念、信息等导向性要素。

四、人力资源市场的经济作用及发展

(一) 人力资源市场在地方经济发展中的作用

第一,人力资源市场是地方经济发展的重要资本。经济发展的过程主要是人力资源转化成人力资本的过程，人力资本直接决定了当地的经济发展水平。地方经济发展离不开资本、劳动力以及先进的技术，而劳动力是人力资源的根本。只有拥有丰厚的人力资源才能全面提升技术水平，实现技术进步，让地方经济获得全面的发展，从而吸引更多的资本融入当地的经济建设中，这样才能实现地方经济的全面崛起。

第二，人力资源市场能够促进生产技术的进步。人力资源管理水平的全面提升，可以促进劳动力生产效率得到全面的提升、优秀的人才通过先进的技术能够对设备进行全面的改造，这样生产能力就能获得质的飞跃，其产品能够受到市场的认可。由此我们可以看到，人力资源管理在提高劳动生产效率的同时还能创造更多的技术价值，从而全方位地实现增产增效，为地方经济发展创造良好的环境。

第三，人力资源市场能够优化产业结构。人力资源管理效能水平的全面提升能够让地方经济满足时代发展需求，从而不断地优化产业结构。人力资源市场的不断发展，有利于推动第三产业迅速提升。在地方产业结构中，第三产业是新兴产业，是拉动经济的主导产业。这对于促进地方经济发展，全面提升地方经济的综合管理效能具有积极的意义。

第四，人力资源市场促进社会的可持续发展。目前，第一产业和第二产业在发展的过程中，对于环境会造成一定的破坏。人力资源市场的进一步发展繁荣，要求地方经济从一、二产业为主的经济形式下向第三产业转型，这更加有利于社会主义市场经济的可持续发展。一方面，人力资源市场能够促进资源的可持续利用；另一方面，在环境方面还能实现可持续发展。这对于提升社会稳定性，促进我国社会主义和谐社会的建设具有非常积极的意义。

（二）人力资源市场优化，促进地方经济发展

1. 优化人力资源管理方式

地方经济发展的过程中，想要更好地发挥人力资源市场的价值，政府以及企业必须要进一步优化人力资源市场环境，改变人力资源管理方式。在开展人力资源管理的过程中，政府和企业需要对人才进行必要的人文关怀，充分尊重人才，了解人才的需求，并在合理范围内满足人才生活和工作需要。只有这样才能使人才提升工作中的主观能动性，为企业以及当地经济发展保留更多人力资源资本，以实现促进当地经济全面发展的目的。

2. 全面提升人才选拔的公平性和合理性

地方政府和企业想要充分获取足够的人力资源，优化人力资源市场，促进地方经济发展，应该针对人力资源的重要性进行积极的宣传，设置公平合理的人才选拔制度，为所有

的人才提供公平公正的机会，这样才能够选拔优秀的人才，优化人力资源市场，实现当地经济发展水平的全面提升。在人才选拔的过程中，地方政府需要制定规范的人才选拔制度，严格按照制度来选拔人才，拒绝通过个人关系或其他利益关系来谋取重要职位，只有这样才能够为人才提供合理的市场，留住当地的优秀人才以发挥人力资源的优势，全面促进当地经济的发展。在公平合理的选拔机制下，政府以及企业需要充分尊重人才的意愿，满足人才在工作中的一些合理需要，提高薪资待遇，让各方面的人才拥有良好的环境来发挥自己的长处，实现人力资源管理综合能力的全面提升，优化人力资源市场。

3. 完善人力资源市场体制

为了更好地发挥人力资源市场对于地方经济发展的积极作用，政府应该制定完善的人力资源市场规范制度，从制度方面来约束人力资源市场的发展，建立健全人力资源市场规范制度，通过制度规范人力资源市场，最大限度地发挥人力资源市场的积极作用。首先，政府机构需要针对人力资源市场制度进行动态化的管理，根据市场情况的变化不断地完善制度规范，最大限度地发挥制度的约束作用。其次，企业需要严格按照政府的制度开展人力资源管理，尊重人才，防止人才流失。政府应该加强对人才的重视，为人才更好地发挥其应有的价值创造良好的环境。各个企业需要尊重人才，最大限度地发挥人才的主观能动性，发挥人才价值，通过人力资源市场为地区经济发展提供持续的人力资源供应，以支撑地方经济的发展。

第三节 人力资源的服务

人力资源服务主要是指帮助劳动者求职就业和用人单位招用人员以及由其延伸的提高劳动者素质和用人单位人力资源管理水平等各类服务行为。例如，职业介绍、职业指导、创业指导、劳务派遣、高级人才寻访、人力资源外包（如培训外包、薪酬福利外包、招聘外包等）、人事代理、人员测评、企业人力资源管理咨询等服务。

一、人力资源的服务特点

人力资源的服务特点是指人力资源部门或专业人员为组织提供的独特服务和价值。具体内容如下：

第一，综合性。人力资源的服务特点之一是综合性。这意味着人力资源管理部门不仅仅负责招聘和录用员工，还涉及员工培训、绩效管理、薪酬福利、劳动关系等方方面面的工作。人力资源部门需要与组织其他部门密切合作，协调各项工作，以确保组织的人力资源策略与业务目标相一致。

第二，专业性。人力资源管理需要具备丰富的专业知识和技能，包括劳动法律法规、员工关系管理、人才发展等方面的专业知识。专业的人力资源管理人员能够为组织提供准确、及时的咨询和建议，帮助组织解决各类人力资源问题，并确保合规性和公平性。

第三，定制性。每个组织都有其独特的文化、价值观和需求，因此人力资源管理需要根据组织的特点和需求来制定相应的策略和政策。这包括根据组织的发展阶段和业务需求来进行人才招聘和选拔，设计并提供符合员工需求的培训和发展计划，以及制定灵活的薪酬福利方案等。通过定制化的服务，人力资源管理可以更好地满足组织和员工的需求。

第四，保密性。在处理员工信息和组织内部事务时，人力资源部门必须始终保持保密性。员工的个人信息、薪酬福利情况、绩效评估结果等都属于敏感信息，需要严格保护。人力资源管理人员需要遵守专业道德准则，确保处理信息的机密性，以建立员工对人力资源部门的信任和依赖。

第五，灵活性。随着组织环境的不断变化和发展，人力资源管理需要具备灵活性，以适应不同的需求和挑战。这包括根据市场情况和业务需求进行组织结构调整，灵活调配人力资源，以及快速响应变化的人才需求。灵活性使人力资源管理能够在动态的环境中保持敏捷和适应性。

第六，战略性。人力资源管理不再局限于日常的行政工作，而是紧密与组织战略结合。人力资源部门需要与高层管理层合作，了解组织的长期目标和战略规划，并制定相应的人力资源策略以支持实现这些目标。这可能涉及人才储备、绩效管理、领导力发展等方面的战略性工作，以确保组织具备合适的人力资源来实现战略目标。

第七，导向性。人力资源管理的目标是为组织和员工提供最佳的支持和服务，以满足他们的需求和期望。人力资源部门需要积极倾听员工的意见和反馈，了解他们的关切和需求，并采取相应的措施来改进和优化人力资源服务。客户导向使得人力资源管理更加注重员工体验和满意度，从而提升整体组织绩效。

第八，创新性。随着科技的快速发展和社会的不断变化，人力资源管理需要不断创新，采用新的工具和方法来提高效率和效果。这可能包括引入人工智能和大数据分析技术来支持招聘和人才管理，推行灵活的远程工作政策以适应新的工作模式，以及探索新的员工参与和沟通方式等。创新性使人力资源管理能够跟上时代的步伐，提供更具竞争力的服务。

总之，上述特点使得人力资源管理能够为组织提供全面的支持和服务，确保组织能够拥有适合的人力资源战略，并与员工建立良好的关系，进而提高组织的绩效和竞争力。

二、人力资源服务中的主体关系

人力资源服务中的主体关系是指各个参与方在人力资源管理和服务过程中的相互关系。这些参与方包括雇主（用人单位）、雇员、人力资源部门、劳动力中介机构和政府等。他们之间的相互作用和合作，构成了人力资源服务的整体框架和运作机制。人力资源服务在实践过程中的相关主体可以从产业化服务视角进行分析，一般表现为人力资源服务提供方和需求方。

（一）人力资源服务提供方

在产业化服务视角下，人力资源服务提供方一般表现为以专业化人力资源服务企业为核心的功能性服务平台、网络或链条。

人力资源服务企业能够结合市场及客户组织需求，以及自身的品牌和产品战略，开发和推广相应的服务项目，并辅助客户实施。常态化的服务项目包括基础性人事代理服务、招聘外包服务、培训及管理咨询服务，以及薪酬福利外包等方面的服务。在服务项目开发和实施的过程中，人力资源服务企业出于效率和实用性考虑，可能通过技术和管理手段提升服务流程的标准化、信息化和定制化；同时，通过整合相关的市场化服务资源，不断提升服务的规模经济性和范围经济性。

人力资源服务机构可以为个体劳动者就业和职业发展提供相关服务，如职业介绍、就业和创业指导、职业生涯规划及发展、职业培训、就业失业管理等，其主要功能是促进就业、创业和优化人才配置。

（二）人力资源服务需求方

人力资源服务的需求方一般包括组织和个人两方面。组织的服务需求主要体现为组织内部的人力资源管理和开发，即企事业单位或用工组织将自身的人力资源管理和开发相关活动的部分或者全部交由第三方提供，由其通过专业化手段实施的外部化过程。它是伴随着人力资源管理科学化和社会分工的深化逐步发展起来的专业化服务。

个人的服务需求一方面主要体现为组织内部的员工工作满意度和投入度，以及基于市场和专业的职生涯规划和发展。通常情况下，组织及其内部员工的人力资源服务需求可能存在一致性和协同性。另一方面主要体现为个人劳动者对就业与职业发展方面的相关服务需求。这个服务需求涉及劳动者求职、就业、培训、职业转换，直至退休的全过程。

三、人力资源服务体系的构建

人力资源服务体系是指由一系列组织和程序构成的整体框架，旨在有效地管理和发展企业的人力资源。

人力资源服务体系的构建是一个关乎组织成功的重要领域。在当今竞争激烈的商业环境中，建立一个有效的人力资源服务体系对于组织的长期发展至关重要。这一体系涵盖了从招聘和选拔到培训和发展的整个员工生命周期管理过程。通过构建一个完善的人力资源服务体系，组织能够更好地应对变化、吸引优秀人才、提高员工绩效和保持竞争优势。

第一，构建一个有效的人力资源服务体系需要明确组织的战略目标和人力资源需求。了解组织的战略方向以及所需的人才类型和数量是制定有效人力资源策略的基础。通过与高层管理层密切合作，人力资源部门可以确保其策略与组织目标保持一致，并将其转化为可操作的人力资源计划。

第二，招聘和选拔是构建人力资源服务体系的重要环节。这包括吸引符合组织要求的候选人、评估其能力和潜力，并选择最佳人选加入组织。招聘过程中，人力资源部门应该与其他部门紧密合作，确保招聘标准的一致性，并使用有效的评估工具来识别最佳人才。一旦员工加入组织，培训和发展就成为人力资源服务体系中的关键环节。通过为员工提供持续的培训和发展机会，组织可以提高员工技能和知识，使其适应快速变化的商业环境。培训可以通过内部培训课程、外部培训机会和跨部门交流来实现。同时，发展计划应该根据员工的职业目标和组织的需求进行个性化制定，以提高员工的工作满意度和留任率。

第三，绩效管理也是构建人力资源服务体系的关键要素。通过设立明确的绩效目标、定期评估员工表现并提供反馈，组织可以激励员工实现卓越绩效，并识别并解决绩效不佳的问题。此外，激励和奖励制度也应与绩效管理相结合，以确保员工的努力得到公正的回报。

第四，一个高效的人力资源服务体系应该重视员工关系管理。建立积极的员工关系有助于提高员工满意度、减少员工流失，并促进团队合作和员工的参与度。人力资源部门应与员工代表团队保持沟通，了解员工的需求和关切，并及时解决员工的问题和纠纷。

第五，一个持续改进的文化是构建人力资源服务体系的关键要素之一。组织应该鼓励员工提出改进建议，并积极采纳有效的建议。此外，通过收集和分析员工反馈、进行定期的人力资源审查和评估。组织可以不断优化人力资源服务体系，以确保其与组织的需求和环境保持一致。

总之，人力资源服务体系的构建对于组织的成功至关重要。通过明确组织的战略目标、招聘和选拔优秀人才、提供培训和发展机会、实施有效的绩效管理、重视员工关系和建立持续改进的文化，组织可以构建一个高效的人力资源服务体系，为组织的长期发展奠定坚实的基础。

第四节　人力资源战略与规划

一、人力资源战略

人力资源战略是指在组织中明确制定和实施的一系列战略性目标、计划和措施，以优化和管理人力资源，以支持组织的整体战略目标的方法和框架。它涵盖组织招聘、培训、绩效管理、员工关系、福利待遇、人才发展等方面，旨在帮助组织实现战略目标，并确保组织拥有合适、高效和满意的人力资源。"人力资源战略决定了一个企业是否在竞争中有足够的潜力，适宜的人力资源战略已经成为企业积累财富的关键。"[1]

（一）人力资源战略的内涵

目前，企业竞争是以人力资源竞争为核心的，所以人力资源战略和企业战略的配合和协调也是非常重要的。

何为人力资源战略，其理解可以从以下两个方面入手：①可以将之理解成市场定位。这种理解的基础是美国战略竞争学者波特对企业战略的分类，他指出，成本领先、质量领先和差异化是人力资源战略的三种主要形式。②将之理解为一种管理过程，企业实现战略目标而采取相应的人力资源管理来予以实施，也称之为"战略性人力资源管理"。从两个角度来理解人力资源战略的，同时将人力资源战略按照相互结合的两种理念进行了新的定义，也就是企业在明确发展目标的过程中不仅要分析外部环境，还要分析内部环境，之后再以此为基础明确人力资源管理要实现的目标，进而完成企业的整体目标。

（二）人力资源战略的类型

1. 按照观点划分

（1）累积型战略。以长远观点看待人力资源管理工作，注重人力资源的培训，通过甄

---

[1] 韩佳琛. 人力资源战略的内涵与价值 [J]. 现代商业, 2011, (20)：147.

选来获取合适的人才。以长期雇佣为原则，以公平原则对待员工，晋升速度较慢，高层管理者与新员工工资差距不大。

（2）效用型战略。以短期观点来看待人力资源管理工作，较少提供培训。企业职位一有空缺随时进行填补，不提倡终身雇佣，员工晋升速度快，采用以个人为基础的薪酬。

（3）协助型战略。处于上述二者之间，职工个人不仅需要具备技术性能力，而且要能在同事间建立良好的人际关系。在培训方面，员工个人负有学习的责任，公司只是提供协助而已。

2. 按照员工队伍的构成划分

（1）诱引战略。诱引战略是指通过丰厚的薪酬制度引诱和培养人才，从而形成一支稳定的员工队伍。由于薪酬较高，人工成本势必增加。为控制人工成本，企业在实行高薪酬的诱引战略时，要严格控制员工数量，这类员工通常需要具备高度的专业化技能，招聘和培训的费用相对较低，企业和员工的关系纯粹是直接和简单的利益交换关系。

（2）投资战略。投资战略是指通过聘用数量较多的员工，形成一个备用人才库，通过储备多种专业技能人才来提高企业的灵活性。这管理人员要确保员工得到所需的资源、培训和支持。企业采取投资战略的目的是要与员工建立长期的工作关系，视员工为投资对象，对员工十分重视，使员工感到有较高的工作保障。

（3）参与战略。参与战略可以给予员工较大的决策参与机会和权力，使大多数员工能参与决策，从而提高员工的参与性、主动性和创造性，增强员工的归属感和责任感，管理人员要为员工提供必要的咨询和帮助。采取这种战略的企业很注重团队建设、自我管理和授权管理。企业在对员工的培训上也较重视员工的沟通技巧、解决问题的方法、团队合作等。

3. 按照企业变革的程度划分

（1）家长式人力资源战略。家长式人力资源战略适用于那些不变革、稳定的企业。其特点为集中控制人事的管理；强调秩序和一致性；人力资源管理的基础是奖惩与协议；注重规范的组织结构与方法。

（2）任务式人力资源战略。非常注重业绩和绩效管理；同时进行企业内部和外部的招聘；开展正规的技能培训；重视战略部门的组织文化。

（3）发展式人力资源战略。其特点是：注重发展个人和团队；尽量从内部招募；大规模的发展和培训计划；强调企业的整体文化；重视绩效管理。

（4）转型式人力资源战略。当全面变革的企业，企业只能采取指令式的管理方法，在企业战略、组织机构和人事等方面上进行重大改变，创立新的结构、领导和文化。与这种彻底变革相配合的是转型式人力资源战略。其特点有：对企业组织结构进行重大变革，对工作岗位进行全面调整；从外部招聘骨干人员；对经理人员进行团队训练，建立新的理念和文化；打破传统习惯，摒弃旧的组织文化；建立新的适应外部环境的人力资源系统和机制。

（三）人力资源战略的分析与制定

1. 人力资源战略分析

战略分析是侧重企业内外环境分析。外部劳动力市场分析的内容是：劳动力供需现状及发展趋势、就业及失业情况、经济发展速度与劳动力供需间的关系、劳动力的整体素质状况、国家和地区对劳动力素质的投入、人力资源的再生与发展趋势。另外，由于人力资源战略具有长远性的特点，所以它的实现需要有一支稳定的员工队伍。而组织的员工都有自己的期望和理想，只有当员工期望和理想得到或有可能得到满足时，他们才愿意继续留在组织中，组织的员工队伍才能保持稳定发展，因此人力资源战略还必须考虑员工的期望。

随着跨国公司大量涌入，中国企业面临的劳动力市场竞争将更加激烈。尤其是跨国公司利用目标市场本土人才熟悉当地文化、有一定人际交往范围、有利于尽快开拓目标市场等优势，实施人才本土化战略。这对中国企业的人力资源战略乃至企业战略的制定与实施提出了更高的要求。如何正确制定人力资源战略，吸引、使用和留住高水平人才，是中国企业面临的一个现实问题。

2. 人力资源战略制定

人力资源战略的制定，要确定人力资源战略的总体目标。人力资源战略的总目标是根据组织的发展战略目标、人力资源现状与趋势、员工的期望与理想综合确定的。人力资源总体目标是对未来组织内部人力资源所要达到的数量与结构、素质与能力、员工士气与工作态度、人力资源政策措施、人力资源开发与管理的方式、途径、成本等提出的更高层次的具体要求。

在分解人力资源战略的总体目标，确定各层次子目标时需要注意两点：①根据子公司、各部门、员工的自身条件与能力来确定，切不可定出不切实际的子目标；②分解后的目标应为具体明确的任务，具有可操作性、可监控性。人力资源战略的实施计划是人力资源战略实现的保障。可以将人力资源战略分解为行动计划与实施步骤，前者提出人力资源战略目标实现的方法、程序及相应的资源条件，后者是从时间上对每个阶段组织、部门对个人应完成的目标或任务作出规定。

二、人力资源规划

（一）人力资源规划的内涵

人力资源规划是基于企业战略和人力资源供需分析在一定时期内制定的一系列具有实用性和可指导性管理职能活动的总称。可以从以下三点入手来理解人力资源规划：

第一，人力资源规划是以组织战略为前提和基础的。实现企业的战略目标也是人力资源规划的最终目的，合适的时间、合适的人员以及合适的岗位是促进组织成功的三个核心要素。现代社会最重要的资源就是人才，较高素质的人力资源会促进企业的持续发展和战略目标的实现。

第二，人力资源规划会随着人力资源战略的改变而发生相应的变化，因为前者能够延伸后者。人力资源战略不仅包含了人力资源管理，还包含了人力资源开发，其内容变化参考的是战略，人力资源战略目标就是在此基础上完成的。

第三，人力资源规划的主要工作是制定政策和措施。制定的政策和措施不仅要正确且有效，还要足够清晰，如有竞争力的薪酬政策、有吸引力的培训开发政策、公开透明的考核政策、有针对性的激励措施等，以确保顺利实施和组织人力资源战略。人力资源业务规划是具体化的人力资源战略，它是整合各种管理职能活动而形成的。人力资源规划包括对员工的职业生涯规划、对员工薪酬福利的规划、对人员流动的规划和对员工的培训规划等。

（二）人力资源规划的意义

人力资源规划是指一个企业或组织通过科学的预测，分析其在环境变化中的人力资源的供给和需求状况，制订必要的政策和措施，以确保组织在需要的时间和需要的岗位上获得各种所需的人才，使组织和个体能够得到长远的利益。人力资源规划是人力资源管理活动与组织其他活动之间的连接点，它使得人力资源管理活动与组织的其他活动相协调，使得人力资源管理活动的目标与组织活动的目标相一致。

人力资源规划是一个动态过程，是在对未来外部环境和组织变化进行系统分析的基础上，对组织未来人员的需求量和供给量的差异进行分析，并找出平衡差异的途径。人力资源规划是一个系统过程，它需要在对组织未来人员的供求状况进行预测的基础上制订计划，并在计划实施过程中进行控制和评估。人力资源规划是组织战略计划之一，是着眼于为组织未来的活动预先准备人力，它的制订可以为组织的人事管理活动提供指导。

人力资源规划的重要意义是使管理者心中有数，避免管理的盲目性。一个组织应制订必要而合理的人力资源政策和措施，规划要有措施保证和支撑，以确保组织对人力资源需求的如期实现。内部人员的调动补缺、晋升或降职，外部人员的招聘、培训和奖惩等，都要有切实可行的措施保证，否则就无法确保组织人力资源规划的实现。

人力资源规划的制订能使组织和个人都得到长期的利益（同时兼顾个人利益和集体利益）。企业要充分调动每个员工的积极性和创造性，努力实现组织的目标；要研究员工个人在物质、精神和业务发展方面的需求，帮助员工实现个人的目标。组织目标和个人利益两者必须兼顾，否则无法吸引和留住所需的优秀人才。因此，人力资源规划的目的是为实现组织目标而留人和用人。凡事"预则立，不预则废"，人力资源规划就是"预"的过程。

（三）人力资源规划的作用

人力资源规划对于任何一家企业来说，都具有极其重要的战略地位和作用，它是企业人力资源管理工作的重要依据，必须引起足够的重视。其具体作用主要表现如下：

第一，人力资源管理的基础。人力资源规划通过对企业未来人力资源需求状况的预测和目前人力资源状况的分析，并根据人员供求过程中的平衡状况，在对企业人员的增减进行全盘考虑的情况下，再制订人员增补和培训计划。这可以使人力资源管理工作做到有的放矢。因此，可以说人力资源规划是人力资源管理的前提和基础，是人力资源管理工作得以成功的关键和根本保证。

第二，降低人力资源成本。影响企业人力资源结构及用人数量的因素很多，通过人力资源规划可对现有的人力资源结构进行全面分析，找出影响人力资源有效运用的瓶颈，使得人力资源得以充分发挥其效能，从而达到降低人力资源成本的目的。

第三，促进人力资源的合理使用。在相当多的企业中，人力资源配置都很难达到理想的状况。一些人员的工作负荷过重，而另一些人员则工作过于轻松；有些人感到力不能及，而有些人感到能力有余，未能充分利用。人力资源规划可以改善人力分配的不平衡状况，进而谋求合理化、最优化，使得人力资源得到最佳配置并适应组织发展的切实需要。

第四，配合组织发展的需要。任何组织要追求生存和发展，其人力资源的获取和合理配置是其关键因素。换言之，就是如何适时、适量及适质地使组织获得所需的各类人力资源。由于现代科学技术的高速发展，企业面临的外部环境瞬息万变、商机稍纵即逝，因此如何针对这些多变的因素，配合组织发展的战略目标来对人力资源进行恰当规划就显得尤为重要。

（四）人力资源规划的程序

人力资源规划程序的编制步骤可以分为以下内容：

第一，预测和规划本组织未来人力资源的供给情况。

对本组织内现有各种人力资源进行测算：从各种人员的年龄、性别、工作经历、所受教育、技能等资料中分析出本组织内现有人员的供给情况。

分析组织内人力资源流动的情况：分析企业内人员的升、降，工作岗位之间的人员流动、退休、工伤离职、病故，以及人员流入、流出本组织等的情况。

第二，对人力资源的需求进行预测。

在人力资源供给预测规划的基础上，根据组织目标，预测本组织在未来某一时期对各种人力资源的需求。对人力资源需求的预测和规划，可根据时间的跨度采用相应的预测方法。

第三，进行人力资源供需方面的分析比较。

把人力资源需求的预测数与在同期内组织可供给的人力资源进行比较，从比较分析中可测算出所需的各类人员数。这样，可以有针对性地物色或培训相关人员，并为组织制订有关人力资源管理的相应的政策和措施提供依据。

第四，制订有关人力资源供需方面的政策和措施。

在人力资源供需平衡分析的基础上，制订相应的政策、措施，呈交有关管理部门审批。

第五，实施规划与信息反馈。

在人力资源规划编制完成之后，就应将其投入到实际中实施，并对其实施过程进行监督、分析，然后评价规划的质量，找出规划的不足，对规划进行持续修改，以确保战略的顺利实施。

三、人力资源战略与规划的实施

人力资源战略与规划的实施是一个系统性和持续的过程，涉及多个方面和环节。下面是人力资源战略与规划的一般实施步骤。

（一）人力资源战略的选择

人力资源战略的选择是组织对人力资源管理的长期规划和决策，以满足组织战略目标的需要。在选择人力资源战略时，应考虑以下几个方面：

第一，组织战略目标。人力资源战略应与组织战略目标相一致，有助于实现组织的长期发展目标。

第二，内外部环境分析。了解组织所处的内外部环境，包括行业竞争情况、人才市场状况、法律法规等因素，以确定适合的人力资源战略。

第三，组织文化和价值观。人力资源战略应与组织的文化和价值观相匹配，以确保人力资源的管理与组织文化的协调。

第四，人力资源能力和资源。评估组织现有的人力资源能力和资源情况，确定人力资源战略的可行性和实施路径。

总之，选择合适的人力资源战略对于企业发展而言显得至关重要。

（二）人力资源规划的制订

人力资源规划是根据人力资源战略，对组织未来的人力资源需求进行分析和预测，并制定相应的计划和措施。当内部员工出现过剩现象时，企业应当采取裁员的方式，减少员工数量；相反，当员工数量不能满足企业生产需求时，企业应当大批扩招。总而言之，企业应当根据当前的实际情况对员工数量进行调控。优秀的人力资源规划方案至少包括人员分配、规划，薪资规划等，这也是人力资源规划的基本组成要素。

（三）人力资源战略与规划的实施——执行

人力资源战略与规划的实施就是执行，只有通过执行，才能将规划的方案一一实践。但是需要注意的是，在执行中，要对执行实施的过程有效管理，这是将规划高质量、高标准落到实处的重要因素，从而推动执行效率的提升。为了让执行的管理效率获得最大化，要对执行的过程、结果进行评价，并且要及时反馈其中存在的问题。

常规的人力资源管理工作是人力资源管理部门的职能所在，人力资源管理部门的成员类型多样，从最高决策者到中级管理者再到普通员工，企业的管理者、决策者和员工都是人力资源战略执行的主体，在企业发展过程中扮演着十分重要的角色。总之，人力资源战略与规划一般要坚持以下几项原则：其一，战略相关原则；其二，逐步优化原则；其三，梯度结构原则；其四，关键人才原则。

（四）人力资源战略与规划的评价与调控

人力资源战略与规划制定过程的最后一步则是评价与调控。企业应该根据目标的变化而进行人力资源战略的调整，并定期进行战略评估，及时发现并解决问题，使企业能够顺应社会的发展，紧跟时代步伐，从而在市场中脱颖而出。当然，战略评估应当秉持科学性、系统化原则，及时对企业所面临的问题以及所存在的风险进行评估，制定适合企业发展的人力资源战略目标。

之所以对人力资源进行评估，是因为市场环境是动态发展的，所以人力资源战略也应该顺应时代发展而制定，同时战略目标也绝不是一成不变的，需要根据实际情况来进行人力资源战略的调整。人力资源战略制定需要具有动态性，其中包括人力资源规划、评估、控制等众多环节，各个环节之间紧密相连、相互影响，相辅相成。

第二章 人力资源管理的理论与人才建设

第一节 人力资源管理的理论依据

一、人力资源管理的特征与功能

(一) 人力资源管理的特征

人力资源管理,是组织为了更好地实现组织目标,所进行的以人为核心的选拔、使用、培养、激励等活动。人力资源管理具有以下特征:

第一,人力资源管理从学科的角度讲,具有明显的综合性。人力资源管理涉及经济学、社会学、心理学、人才学、管理学等多学科,需要借助这些学科的基本理论和相关成果来发展自身的学科理论。

第二,人力资源管理活动具有复杂性。人力资源管理活动是人与人之间的交互活动。由于管理对象的主观能动性,以及人与人之间情感、利益关系的复杂性,使得人力资源管理活动呈现出复杂性。在人力资源管理活动中往往要求管理者不能简单地站在组织一方的角度思考问题,而需要站在管理对象的角度思考问题,注意听取管理对象的意见,强化与管理对象的互动,不能用简单的方法处理人力资源管理问题。

第三,人力资源管理具有文化性。不同的文化追求会导致组织人力资源管理方式方法的差异性。无论是宏观角度,还是微观角度的人力资源管理,都具有特定的文化取向和人才观念。比如,一些单位特别强调组织的和谐氛围,一些单位特别强调人的能力素质作用,一些单位特别注重分配的公平性,一些单位则特别注重分配的激励性,这些不同的价值观的背后则是这个组织文化特征的差异。因而,不同文化特征的组织,在人力资源管理理念、制度构建和操作上也会表现出一定的差异性。

第四,人力资源管理具有发展性。从传统的人事管理发展到以战略为核心的现代人力资源管理，管人的理念和方法不断在变革之中，人在劳动中的地位越来越得到肯定，有效管理人、充分发挥人的积极性的方式方法也在不断变化发展。传统的"目测""口试"，已逐步发展出新方法、新技术。因而，需要人力资源管理从业人员不断学习，提升自己的专业技能水平。

第五，生物性和社会性。与物质资源相比，人力资源因为载体是人，是一种"活"的资源，具有自身的衣食住行、繁衍生育等生物性需要。同时，"由于人的本质在其现实性上是一切社会关系的总和"，人的生存和发展离不开群体和社会组织，因此，使得人力资源很自然地表现出社会属性，喜欢与人交往，具有受尊重和自我发展的需要。

第六，主观能动性。主观能动性是指人具有自发性、自觉性，能够根据自身的需要对外部世界主动作出反应。以人作为载体的人力资源不像其他物质资源、财务资源、信息资源那样完全被动地接受人类的安排，人力资源会对管理主体的观念、行为产生自己的主观反应，或支持，或反对，或理解……因此要求人力资源管理必须对人力资源有着充分的了解和把握，方能更好调动人力资源的积极性和主动性。

第七，时效性。人从出生到死亡具有生命周期性，人力资源的形成、开发、配置、使用和培训均与人的生命周期有关。人从出生到能够进入社会从事生产劳动，需要经历很长时间的学习培养，而后才具有作为人力资源的劳动能力素质，但是年龄的增长会不可避免地带来素质特征的变化，从而使不同年龄的人呈现出不同的人力资源素质特征。

（二）人力资源管理的功能

人力资源管理的功能是指其本身所应有并充分发挥作用的实际体现，这种作用是通过人力资源管理职能来实现的。人力资源管理功能具有一定的独立性，是人力资源管理自身所具有的属性。"随着市场经济的发展，人力资源管理在企业经营中起到重要作用。"[1] 企业人力资源管理应当具备四个功能：①选拔功能。这项功能是指人力资源管理最基础性的功能就是为企业选择合适的人员，使合适人才加入企业是人力资源管理的功能之一。②培养功能。这项功能是指企业选拔合适员工之后，要对员工进行培训与培养，通过培训与培养使员工更好地适应工作，在工作岗位上更好地服务于企业。③激励功能。这项功能是人力资源管理的核心功能，是其他功能得以实现的最终目的，是员工取得优良业绩为企业带来效益的本质体现。④维持功能。这项功能保证了企业人员的稳定，减少优秀人才流失给企业带来的损失。

---

[1] 李永靓. 基于市场经济的企业人力资源管理激励机制优化对策 [J]. 中国市场，2023，(09)：112.

在人力资源管理的四个功能中，选拔是基础，是人力资源管理工作的第环节；培养是动态的持续过程，是员工与岗位契合的最重要手段；激励是目标，是企业效益通过人力资源得以实现的最可靠保证；维持是保障，保障优的人力资源为企业战略发展保驾护航。

二、人力资源管理的理论基础

人力资源管理的理论基础是人力资源管理的科学依据，它为人力资源管理的理论研究和实践活动提供相应的科学理论指导。现代人力资源管理主要受到以下理论的明显影响。

（一）人性假设理论

人性假设理论的核心是从管理者的角度看待被管理者在工作中的特点，或者说员工在管理活动中表现的人性特征问题。对人性的理解是管理理论和管理方法的基础，管理理论的构建和方法的设计都是以对人性的看法为基础的。

1. 人性假设理论的适用观点

人性假设理论是人力资源管理领域中一个重要的理论框架，它基于对人类行为和动机的理解，对组织中的员工行为进行解释和预测。以下是人性假设理论在人力资源管理中的一些适用观点：

（1）自我实现的需求。人性假设理论认为，员工有一种自我实现的需求，即追求个人的成长、发展和实现潜能的欲望。在人力资源管理中，组织可以通过提供培训和发展机会、给予员工更多的责任和自主权等方式，满足员工的自我实现需求，从而激励他们作出更高水平的工作表现。

（2）社会认同的需求。人性假设理论指出，人们渴望被其他人认同和接受。在人力资源管理中，组织可以通过建立积极的工作环境和团队文化，提供员工间的合作和协作机会，帮助员工满足社会认同的需求，增强员工的归属感和忠诚度。

（3）动机与激励。人性假设理论认为，人们的行为受到内在动机和外在激励的影响。在人力资源管理中，组织可以设计激励机制，包括薪酬制度、奖励和认可计划，以及提供具有挑战性和发展机会的工作任务，以激发员工的内在动机和提高他们的工作动力。

（4）自主权和参与。人性假设理论强调员工的自主权和参与对于满足其内在需求和激励的重要性。在人力资源管理中，组织可以通过授权员工作出决策、提供参与决策的机会以及倾听员工的意见和反馈，增加员工的自主权和参与感，促进员工的积极参与和承诺。

（5）个体差异的考虑。人性假设理论认识到每个员工都是独特的个体，拥有不同的价值观、动机和需求。在人力资源管理中，组织需要考虑到员工的个体差异，提供个性化的发展计划、灵活的工作安排和支持，以满足员工的个体需求，提高其工作满意度和绩效。

这些适用观点突出了人性假设理论在人力资源管理中的重要性，它可以帮助组织了解员工的行为动机和需求，从而制定相应的管理策略，提高员工的工作满意度、绩效和组织效能。

2. 人性假设理论对人力资源管理的影响

人性假设理论认为人们在工作环境中追求满足基本需求、发挥个人能力和实现自我价值。下面将探讨人性假设理论对人力资源管理的影响。

（1）人性假设理论强调了员工的自我实现和成长。根据这一理论，每个人都具有追求成长和实现自己潜力的内在动机。因此，在人力资源管理中，组织应该提供培训和发展机会，帮助员工不断学习和成长。这可以通过设立培训项目、提供学习资源以及制定个人发展计划来实现。通过关注员工的个人成长，组织可以激发员工的积极性和动力，提高工作绩效。

（2）人性假设理论强调了员工的自主性和参与度。根据这一理论，人们希望在工作中有自主决策的权利，并参与到决策过程中。在人力资源管理中，组织可以采取一系列措施来促进员工的参与度。例如，组织可以实施员工参与决策的机制，如开展员工满意度调查、设立员工代表委员会等。这样的做法可以增强员工的归属感和参与感，提高组织的整体绩效。

（3）人性假设理论强调了员工的社会需求。人们是社会性的动物，他们希望与他人建立联系并获得认同和尊重。在人力资源管理中，组织可以通过创造积极的工作氛围和促进员工间的合作来满足员工的社会需求。这可以通过建立良好的团队合作文化、设立员工活动和社交活动等方式实现。满足员工的社会需求有助于增强员工的工作满意度和组织的凝聚力。

（4）人性假设理论强调了员工的激励因素。根据这一理论，人们被内在的成就感和认可所驱动。在人力资源管理中，组织可以通过提供有竞争力的薪酬制度、设立奖励和认可机制等方式来激励员工。此外，提供具有挑战性和发展机会的工作任务也可以激发员工的动力。总之，人性假设理论对人力资源管理产生了重要的影响。它强调了员工的自我实现和成长、自主性和参与度、社会需求以及激励因素。组织可以通过关注这些方面来满足员工的需求，提高员工的工作满意度和绩效，进而实现组织的成功。因此，在制定和执行人力资源管理策略时，人性假设理论应被充分考虑。

（二）人力资本理论

人力资本是人们以某种代价获得并能在劳动力市场上具有一种价格的能力或技能，是凝聚在劳动者身上的知识、技术、能力和健康，是对人力资源进行开发性投资所形成的可以带来财富增值的资本形式。人力资本理论将人力资源视为一种投资，强调个体的教育、培训和技能对经济增长和社会发展的重要性。

1. 人力资本理论的适用观点

（1）人力资本是与物质资本相对应的概念。物质资本指在一定时期内积累起来，用于生产其他消费资料或生产资料的耐用品，体现为产品的物质形态，如厂房、机器设备、各种基础设施、原材料、燃料、半成品等；而人力资本则是体现在劳动者身上的、以劳动者数量和质量表示的非物质资本，表现为蕴含于人身上的各种生产知识、劳动与管理技能和健康素质的存量总和。

（2）人力资本是促进现代经济增长的首要因素。在经济增长中，人力资本的生产率显著高于物质资本。知识包括一般知识和专业知识，一般知识对于现代增长的作用是产生规模效应，专业知识的作用在于产生要素递增收益。两种效益的结合，不仅使人力资本的收益增加，而且使其他生产要素的收益递增。

（3）人力资本管理是现代企业经营管理的核心，包括两个层面的内容：①企业把人力资本作为一种生产要素（即人力资源）进行的经营管理活动，即人力资本管理；②把人力资本作为主要交易对象进行的买卖活动，即人力资本的运作或运营。人力资本的核心是提高人口质量，教育投资是形成人力资本最重要的途径。

（4）人力资本要素包括：教育投资、科学研究费用、卫生保健投资、劳动力国内流动支出和国际移民费用。

2. 人力资本理论对人力资源管理的影响

人力资本理论凸显了人在物质生产中的决定性作用，发现了投资人力资本的价值，对人力资源管理发展为战略性人力资源管理和人力资本管理起到了重要的推动作用。

（1）企业和员工之间新型关系的建立。人力资本是资本化了的劳动力，具有资本增值性，而且它天然地依附于"人"，属于个人产权范畴。随着人力资本重要性的凸显，员工以人力资本为生产要素更加平等地参与到企业生产活动之中，企业与其员工的关系也不再局限于雇佣关系，更是投资合作的伙伴关系。

（2）人力资源战略性开发的重要性愈加凸显。一方面，由于凝聚在劳动者身上的知识、技术、能力和健康作为一种资本形式，能为企业带来巨大的收益，因此，企业必须通过开发性投资不断提升员工个人价值以实现企业效益的最大化；另一方面，由于人力资本的所有权和使用权具有高分离性，以及人力资本的生物性和能动性特征，企业效益实现与员工价值提升之间构成相辅相成的辩证关系。企业在对人力资源进行开发的过程中必须考虑员工个人价值和主观意愿，通过关注员工职业素质的可持续发展达到员工和企业两方面价值共同最大化的目标。

（3）股票期权和员工持股等多种激励方式的出现。人力资本的生物性特征及其在社会财富创造中的决定性作用使得人力资本持有者在利润分配中的权利得到认可，加之企业和员工之间的关系由雇佣关系向投资伙伴关系的转变，使得股票期权和员工持股等更为接近利益分配核心的激励方式成为可能。

（三）激励理论

激励理论是指一系列解释和研究个体行为动机的理论框架。这些理论试图解释为什么人们作出特定的行为以及他们如何被激励去追求某些目标或满足特定的需求。

1. 激励理论的适用观点

人力资源开发中如何调动人的潜能、积极性，国内外研究者通过长期研究，形成了不同的理论体系。主要包括以下几个方面。

（1）内容型激励理论。集中研究什么样的因素能够引起人们的动机和行为，也就是研究管理者应该使用什么因素来激励被管理者，以促使其产生积极的行为动机。

（2）过程型激励理论。试图解释和描述动机和行为的产生、发展、持续及终止的全过程，它可以清楚地告诉人们为什么员工在完成工作目标时选择某种行为方式，而不是其他行为方式。

（3）需要层次理论。需求层次理论，是将人的需求划分5个层次，分别是：生理、安全、社会、尊重以及自我实现。不同等级上，需求都不同，那么在不同的发展阶段，人的需求也会不同，呈现了多层多维的特征。由此可看出，设计可行的激励措施，必须找到人的需求点，这样才能保障激励效果。

（4）存在、关系和成长理论。存在、关系和成长理论认为人心理需求可以分为生存、交往、成长三大类，价值在于它肯定了人的需求来自不同层次，生活环境变化影响下，人们的需求也会变化。

（5）双因素理论。双因素理论主张在组织系统中个体和个体相互独立，个体需求也不一样，可以让员工满意的是激励因子，与之对应的是保健因子。在激励、保健两大因子影响下，会促使人行为改变，为此设计激励措施的时候需要考虑到双因素。

2. 激励理论对人力资源管理的影响

激励理论在人力资源管理实践中发挥着重要的作用，对员工的动机、满意度和绩效产生深远影响。

（1）激励理论对于提高员工动机具有重要意义。根据激励理论，人们的行为取决于他们对行为结果的期望值以及实现这些结果的可能性。因此，组织可以通过激励措施来增加员工对工作的期望值，并提高其投入和积极性。激励理论提供了多种方法来实现这一目标，如提供具有挑战性的工作任务、制定明确的目标和奖励系统，以及提供发展和晋升机会。这些激励措施可以激发员工的内在动机和工作热情，提高他们的工作动力和绩效水平。

（2）激励理论对于提高员工的满意度也有积极影响。激励措施可以满足员工的基本需求，例如薪资和福利待遇，从而增强他们对组织的满意度。激励理论强调奖励与绩效之间的关系，当员工感受到公正和公平的奖励分配时，他们会更加满意并对组织产生忠诚感。此外，激励理论还强调员工参与决策的重要性，通过给予员工参与决策的机会，组织可以增强员工的参与感和满意度。

（3）激励理论对于提高员工绩效具有积极影响。激励措施可以提高员工的工作动力和投入程度，从而提高他们的绩效表现。激励理论指出，奖励与绩效之间的正向关系可以通过激发员工的个人目标、提供及时反馈和认可，以及建立有效的绩效评估机制来实现。通过有效的激励措施，组织可以激发员工的创造力和创新能力，提高他们的工作效率和质量，从而对组织的整体绩效产生积极影响。

总之，激励理论在人力资源管理中具有重要的影响。它可以提高员工的动机、满意度和绩效，进而促进组织的发展和成功。在实践中，组织应该根据激励理论的原则，制定适合自身情况的激励策略，以提高员工的工作动力、满意度和绩效水平。这样可以营造一个积极的工作环境，激发员工的潜力，实现个体和组织的共同发展。

第二节 人力资源管理的人才引进

人力资源管理的人才引进是指组织通过一系列策略和措施吸引和招募适合岗位的人才加入组织的过程。它是人力资源管理中的重要环节，对于组织的发展和竞争力具有重要意义。人才引进的目标是为了满足组织的人力资源需求，确保组织能够拥有具备适当技能、经验和资质的员工来履行岗位职责。

一、员工招聘

员工招聘是指组织为了实现经营目标与业务要求，在人力资源规划的指导下，根据工作说明书的要求，按照一定的程序和方法，招募、甄选、录用合适的员工担任一定职位工作的一系列活动。

（一）员工招聘的含义

第一，人力资源规划和工作分析是确保招聘科学有效的两个前提。人力资源规划决定了预计要招聘的部门、职位、数量、专业和人员类型。工作分析为招聘提供了参考依据，同时也为应聘者提供了关于该职位的基本信息。人力资源规划和职位分析使得企业招聘能够建立在比较科学的基础上。

第二，员工招聘工作主要包括招募、甄选和录用。人员招聘必须发布招聘信息，通过信息发布，让所有具备条件的人员知晓并吸引他们前来应聘。除了发布信息寻求潜在职位候选人之外，招聘工作还包括人员甄选和人员录用等内容。招募、甄选、录用是员工招聘工作的基本流程。

第三，人岗匹配是员工招聘的重要原则。成功的招聘活动应该实现人员与岗位的匹配，既不能出现大材小用，也不能出现小材大用。

第四，招聘的最终目标是满足组织生存和发展的需要。招聘是人力资源管理的重要职能活动之一，招聘工作和其他的人力资源管理模块一样，都必须服从和服务于组织的战略和目标需要。

（二）员工招聘的目标

第一，恰当的时间。即在合适的时间内完成招聘工作，并适时地增加公司所需要的员工，这是招聘工作的最基本条件。

第二，恰当的范围。就是要在合适的区域内，招募到足够多的人才。

第三，恰当的来源。即通过合适的途径寻找到合适的人选，每个岗位都有自己的需求，所以要把合适的人选定位在合适的岗位上。

第四，恰当的信息。即在招聘前，要对所担任职务的职责内容、任职资格要求、公司背景等进行详尽、精确的说明，从而让申请人对所申请的工作进行正确的评估。

第五，恰当的成本。以最小的代价去完成招聘工作，当然，这需要有一个前提，那就是在同等的条件下，要尽可能地节省人力和物力。

第六，恰当的人选。即将最适合的人才引进到公司进行招聘，然后再经过筛选出最适合的人才。

(三) 员工招聘的原则

1. 公平公正原则

员工招聘必须遵循国家的法律、法规和政策的规定，坚持平等就业、双向选择、公平竞争，在一定范围内面向社会公开招聘条件，对应聘者进行全面考核，公开考核的结果，通过竞争择优录用。企业对所有应聘者应该一视同仁，不得有民族、种族、性别、身体状况等方面的歧视。这种公平公正原则是保证用人单位招聘到高素质人员和实现招聘活动高效率的基础，是招聘的一项基本原则。国家关于平等就业的相关法律、法规和政策规范和制约着企业的招募、甄选和录用活动。

2. 效率优先原则

效率优先是市场经济条件下一切经济活动的内在准则，员工招聘工作也不例外。招聘过程中发生的成本主要包括广告费用、宣传资料费用、招聘人员工资补助等。效率优先要求企业在招聘过程中以效率为中心，力争用最少的招聘成本获得最适合组织需要的员工。这就需要人力资源部门和其他部门密切配合，在招聘时采取灵活的方式，利用适当的渠道，作出合理的安排，以提高招聘工作的效率。

3. 人岗匹配原则

人岗匹配是招聘工作的重要目标，也是指导组织招聘活动的重要原则。人岗匹配意味着岗位的要求与员工的素质、能力、性格等相匹配。要从专业、技能、特长爱好、个性特征等方面衡量人员与岗位之间的匹配度。另外，人岗匹配也要求岗位提供的报酬与员工的动机、需求匹配，只有岗位能满足应聘者个人的需要，才能吸引、激励和留住人才。

4. "因事择人"原则

"因事择人"指的是从事业需要、岗位空缺这一角度出发，按照岗位对岗位的素质需求来选拔人才。唯有如此，方能达到事与愿违的效果，避免因人而产生的"人满为患"现象。

5. 德才兼备原则

员工招聘的德才兼备原则是指在进行人才引进时，既要注重候选人的专业能力和技能（才），也要注重其道德品质和价值观（德）。德才兼备原则强调在员工招聘中不仅要关注候选人的专业知识和技能，还要考虑其个人的道德品质和价值观念。这是因为员工不仅仅是为了完成工作任务而存在的，他们也会在组织中与他人互动、代表组织形象和价值观念，对组织的整体声誉和文化产生影响。通过德才兼备原则，组织可以确保招聘到既具备专业能力和技能，又具备良好道德品质和价值观的员工。这样的员工更容易适应组织文化，与团队成员合作，并以道德、诚信的方式履行工作职责。

（四）员工招聘的作用

第一，招聘工作保证企业正常的经营与发展。招聘是企业能够正常运作的前提。一方面，如果没有招聘到合适的员工，企业的研发、生产、销售等工作无法进行，因为这些工作都是由人的活动来完成的；另一方面，在组织中，人员的流动如离职、晋升、降职、退休都是正常和频繁的现象，通过开展招聘活动，可以及时补充人力资源的不足，同时促进企业人力资源的新陈代谢，确保企业正常的经营与发展。

第二，招聘工作为企业注入新的活力，决定了企业竞争力的大小。企业通过招聘工作为企业引进新的员工，新员工将新的管理思想、工作模式和新的观念带到工作中，既为企业增添了新生力量，弥补了企业内部现有人力资源的不足，又给企业带来了更多的新思维、新观念及新技术。如今，企业间的竞争越来越表现为人的竞争，对优秀人才的争夺也成为企业间较量的一个重要方面。有效的招聘可以为企业赢得组织发展所需要的人才，获得比竞争对手更优秀的人力资源，从而增强企业的竞争力。

第三，招聘工作能提升企业知名度，为企业树立良好的形象。在不同的行业中，企业会通过各种渠道发布招聘信息，提高公司的形象，提高员工对公司的认识。由于企业要将企业的基本情况、发展方向、政策、文化和产品特点等情况对外公布，这样才能更好地展示企业的形象，让企业对企业的发展有所认识，并创造一个良好的外部环境，从而有利于企业的发展。因此，如今许多外资公司都十分注重大学生的招聘工作，一方面是为了招揽优秀的学生，另一方面也是为了提高公司的知名度。

第四，招聘工作影响着人力资源管理的成本。招聘费用是企业人力资源经营的一大要素，它的招聘费用是企业的一大笔费用，其中包括广告费用、宣传材料费用、招聘人员薪酬等，综合下来的费用普遍偏高。所以，高效地开展人才招聘信息，可以大幅度地减少企业的经营成本，并减少企业的人力资源经营成本。

（五）员工招聘的方法

内部招聘主要通过企业内部人力资源信息系统搜寻、主管或员工推荐、职位公告等方法来进行；外部招聘主要通过广告招聘、推荐或自我推荐、人才介绍机构、人才交流会、校园招聘、网络招聘等方法来进行。

1. 内部招聘的方法

（1）企业内部人力资源管理信息系统。一个完整的企业内部人力资源管理信息系统必须对企业内部员工的三类信息进行完整的收集与整理：个人基本资料，包括年龄、性别、学历、专业、主要经历等；个人特征资料，包括特长、性格、兴趣爱好、职业期望等；个人绩效资料，包括从事的工作与担任的职务、工作业绩、工作态度、绩效评价等。当企业出现职位空缺时，可根据职位对人员任职资格的要求，在企业内部的人力资源信息系统进行搜寻。根据搜寻所获得的信息，找出若干个职位候选人，再通过人力资源部与这个应聘者进行面谈，结合应聘者本人的意愿和期望选择适岗的人选。

（2）主管或员工推荐。即由本组织主管或员工根据组织的需要推荐其熟悉的合适人员，供人力资源部门进行选择和考核。推荐人对组织和被推荐者都比较了解，所以成功的概率较大，是企业经常采用的一种方法。一般来说，组织内部最常见的是主管推荐，因为主管一般比较了解潜在的候选人的能力。由主管提名的人选具有一定的可靠性，而且主管也会因此感到自己有一定的决策权，满意度比较高。但主管推荐可能会因为个人因素的影响，出现任人唯亲而不是任人唯贤的局面。

2. 职位公告

职位公告是指在组织内将职位空缺公之于众，通常要列出有关空缺职位的工作性质、人员要求、上下级监督方式，以及工作时间、薪资等级等。同时公告中应附有公告日期和申请截止的日期、申请的程序、联系电话、联系地点和时间等。将公告放在组织内所有员工都可以看见的地方，比如企业的公告栏、内部报刊、公司网站等。

3. 外部招聘的方法

（1）广告招聘。广告招聘通常是指企业根据企业的招聘计划，选用适当的广告媒介和媒体，并在网站上张贴招聘广告，以吸引外来人员。在利用媒介广告进行招聘时，应该考虑到两方面的问题：广告媒介的选择和广告的设计。

第一，广告媒体的选择。通常，可采用的广告媒体主要有报纸杂志、广播电视、互联网、印刷品等。组织在选择广告媒体的时候，应考虑媒体本身的信息承载能力、传播范围及各自的优缺点。

第二，广告的设计。好的招聘广告能吸引更多的求职者关注，而且设计精良的招聘广告有利于树立和提升组织的良好形象，所以，广告的设计非常重要。

（2）人才介绍机构。这样的机构既能为公司物色人才，又能为其物色合适的用人单位。总之，主要是面向中、低层次的人才招聘机构，以及面向高端人才的招聘公司。这样做是最方便的，因为公司只要向人力资源部门提出招聘要求，人力资源部门就会根据自己所拥有的资源和资料，对其进行筛选，然后向公司推荐适合的员工。不过这样做的成本也比较大，通常情况下，猎头公司都会从他们每年的薪水中拿出30%的薪水来做招聘工作。

（3）人才交流会。相对于职业中介机构来说，人才交流会可以为企业与求职者提供相互交流的平台，使企业能够获取大量应聘者的相关信息。在条件允许的情况下，甚至可以对其进行现场面试，极大提高招聘的成功率。而且这种招聘是在信息公开、竞争公平的条件下进行，便于树立企业的良好形象。

（4）校园招聘。校园招聘是很多公司都会采取的一种方式，公司会在学校里张贴招工广告，举办讲座，以吸引毕业生。对有突出表现的同学，可以由学校推荐；对比较特别的岗位，也可以通过学校的培训，由企业直接聘用。大学毕业生具有很好的可塑性、朝气蓬勃、质量较高。然而，这些学生缺乏工作经历，必须经过专业的训练，而且很多学生因为刚刚进入社会，对自身的定位还不明确，工作的流动性也比较大。

（5）网络招聘。网络招聘通常是指公司在网上发布招聘信息，或者进行简历筛选，笔试、面试。企业网上招聘一般有两种途径：一是在公司自己的网站上张贴招聘信息，建立一个招聘体系；二是借助中华英才网、前途无忧、智联招聘等专业招聘网站进行招聘。网上招聘没有地理上的限制，受众广泛，覆盖范围广泛，并且具有很强的时效性，可以在很短的时间内获得大量的求职信息，但同时也存在着很多虚假的、无用的信息，这就导致了网上招聘对简历的筛选较严格。

上述的一些外部招聘方式各有利弊，企业可以根据自己的实际情况来选用。

二、员工甄选

甄选是甄别和选择，也就是筛选和选拔。在现代的人力资源管理中，是指利用特定的工具和方法，识别和检验招聘的人员，识别其个性特征和知识能力，并对其今后的工作表现作出预期，以此选出一个最适合组织需要的、最合适的人选。在甄选工作中，企业要考虑到如何选择和分配适合自己的工作。总之，所有的甄选方案都是要努力找出那些最有可能达到组织绩效的人，但不是说一定要挑选出那些非常优秀的人才是最合适的，相反，甄选的目的在于谋求职位与求职者最优匹配。

员工甄选工作对一个组织来说是非常重要的。首先，组织的总体绩效在很大程度上是以员工个人的绩效为基础的，能否找到合适的员工是确保组织战略目标实现的最大保障；其次，如果甄选工作失误，组织将付出较高的直接成本和机会成本，直接成本包括招募成本、甄选成本、录用成本、安置成本、离职成本，机会成本是指因为用人不当，可能会使组织错失良好时机而给组织带来损害甚至是毁灭性的打击；最后，甄选失误可能会对员工本人造成伤害，错误甄选代价不只由组织来承担，同样会给员工造成损失和伤害。

（一）审查求职简历和求职申请表

第一，求职简历。求职简历又称为履历表，是求职者向组织提供背景资料和进行自我陈述的一种文件。简历的内容一般包含个人基础信息、教育背景、工作经历、个人技能、求职意向、自我评价等。简历是求职者一种自我宣传的手段，通常没有严格统一的规格，形式灵活，随意性大，便于求职者充分进行自我表达。

第二，求职申请表。求职申请表是由企业人力资源部门设计的由求职者填写的一种规范化的表格。求职申请表主要用于收集应聘者背景和现状的基本信息，以评价应聘者是否能满足最基本的职位要求。

求职简历和求职申请表的筛选，是对应聘者进行初步的筛选，将那些明显不符合条件的应聘者排除在外，避免在以后的选拔过程中为公司增加不必要的费用。

（二）笔试

笔试是最早也是最基础的一种选拔方式，即考生在考卷中回答预先准备好的考题，再依据考生回答的准确率来进行评分。笔试主要考查考生的基本知识、专业知识、管理知识、综合分析能力、文字表达能力等。

笔试的优点主要体现在以下几个方面：①笔试可以对大批应聘者同时进行，成本低，省时省力；②笔试可以涵盖较多的考试内容，能对应聘者的知识进行全面测试；③面对同样的测试题，体现招聘的公平性；④应聘者在面对一张试题时心理压力相对较小，能够发挥真实水平；⑤笔试试题和考试结果可以长期保存，为综合评定提供依据，也可以为以后的招聘工作提供参考。

（三）面试

面试是现代企业实践中运用最广泛的一种员工甄选方法，几乎所有的企业在员工甄选过程中都要使用面试，而且有时还不止一次地在甄选的相关程序中使用。面试是指面试官通过与应聘者在指定的时间和地点，面对面地观察和交谈，了解应聘者的知识技能、个性特点、求职动机等，其目的是通过分析应聘者的回答及观察他们所作出的各种反应，考察应聘者是否具备相关职位的任职资格的一种人员测评技术。

面试具有简便快捷、容易操作、不需要复杂的专用测试工具和方法等优点，能对应聘者的表达能力、分析能力、判断能力、应变能力进行全面的考察。另外，面试也可以直观地了解应聘者的气质，修养，风度，仪表仪态等。所以面试这种甄选方法受到各种组织的普遍欢迎。

1. 面试的种类

（1）根据面试结构划分。

第一，结构化面试。结构化面试又称标准化面试，是指按照事先设计好的面试内容、程序、评分结构等进行的面试。在这种面试中，面试考官手中会有一份对所有应聘者提出的标准化问题提纲，这些问题包括有关应试的工作经历、教育背景、专业知识、业余爱好、自我评价等方面。这种面试的优点是面试官根据事先设计好的问题提问，避免遗漏一些重要的问题，而且所有的应聘者回答的都是同样的问题，应聘者之间可以对照比较，比较公平也容易得出结论。

第二，非结构化面试。非结构化面试是指在面试的过程中，不存在结构化的面试或必须遵循的格式，面试官可就与工作有关的问题向应聘者随意提问，没有事先设计的问题提纲，而且可以根据应聘者的回答进行追问。非结构化面试的优点是比较灵活，面试官与应聘者之间的谈话会显得比较流畅和自然，针对不同的应聘者可以提出不同的问题，收集的信息更有针对性，而且可以对应聘者进行深入了解。

第三，半结构化面试。半结构化面试是介于结构化面试与非结构化面试之间的一种面试方法。面试官根据事先设计好的问题提纲进行提问，然后可以根据应聘者的回答进行追问，以达到对应聘者进一步了解的目的。半结构化面试结合了结构化面试和非结构化面试的优点，使得面试官在面试过程中有一定的自主权而又不偏离主题，可以做到面试的结构性与灵活性相结合。因而半结构化面试在许多企业广泛使用。

（2）根据面试组织形式划分。

第一，单独面试。单独面试，又称一对一面试，是由一个面试官对一个应聘者进行单独面试，面试官进行口头引导或询问，应聘者作出回答。

第二，小组面试。小组面试，又称陪审团式面试，是指由多个面试官对一个应聘者进行面试，若干个面试官可以从不同的角度对应聘者发问，可以使各位面试官在提出问题时相互补充并层层递进地深入挖掘，最后收集到的信息比较全面，得到的结果也更加可靠。

第三，集体面试。集体面试是指多位面试官同时对多个应聘者进行面试的方法。这种面试方法可以节省面试官的时间，同时可以对多个应聘者回答同一个问题的不同反应作出比较评价。在这种面试中，面试官往往会提出一个问题后，由应聘者自由发表意见。面试官则在旁边注意观察每一个应聘者的回答和作出的反应。这样有助于考察应聘者在群体当中的思维方式和行为方式，评价他们的人际交往能力和语言表达能力等。

2. 面试的基本程序

（1）面试准备。

第一，选择面试官。选择面试官非常重要，作为面试官必须有较好的表达能力、观察能力、控制能力、总结归纳能力等。有丰富面试经验的面试官可以熟练地了解整个面试过程，并根据候选人的观察力作出选择。面试官通常包括 HR 和业务部门两个部分的人员。

第二，培训面试官。面试官是否具备基本的面试技巧，能否在作出评价时避免犯一些错误，对于面试的有效性有至关重要的影响。对于面试官的培训要关注几个方面：①面试官在面试过程中的询问、交谈、引导、控制的各种技巧；②面试官要学会与不同的面试者打交道；③面试官在进行评价时应避免出现各种偏差。

第三，确定面试的时间这不但能让求职者有充足的心理准备，也能让求职者在工作中作出合理的规划，从而减少与面试时间之间矛盾，从而确保面试工作的顺利进行。

第四，对应聘者的信息有一定的认识。在进行采访之前，首先要对应聘者的个人信息进行调查，掌握好自己的情况，以便在以后的采访过程中能更好地进行询问，从而达到更好的面试效果。

第五，准备面试材料。准备的面试材料包含工作说明书、面试问题提纲、面试评价表、应聘者的求职简历或求职申请表格等。面试评价表记录应聘者在面试过程中的表现和面试官对应聘者的评价，注意对不同的岗位，面试评价表中的各项要素和权重要有所不同。

第六，安排面试场所。选择合适的地方会对求职者的面试会产生很重要的作用。合适的面试地点（明亮、整洁、安静、优雅的空间）可以为求职者创造一个良好的工作氛围和一个好的公司形象。

（2）面试实施。

第一，引入阶段。应聘者刚开始面试时，难免会比较紧张，此时作为考官应该问一些比较轻松的话题，消除应聘者的紧张情绪，营造轻松融洽的气氛。

第二，正题阶段。在这一阶段，考官应根据面试提纲和进程安排对应聘者提问，并同时观察和记录应聘者的反应。考官的提问要注意以下几个方面：①提问应当明确，并且提问不宜太长；②在提出问题时，要注意不让候选人在回答问题时使用"是"或者"否"；③对候选人的答案，不作评判，要学会聆听和眼神的激励，避免使用非正常的身体动作，以免干扰应聘者的表现；④注意控制时间，不要被应聘者支配整个面试，遇到滔滔不绝的应聘者，应懂得转移话题进行引导。

第三，收尾阶段。相关问题提问完毕之后，考官可以鼓励应聘者提出一些与应聘岗位有关的问题并为其解答。同时，应提醒应聘者关注面试结果的通知，并对应聘者参加此次面试表示感谢。

（3）面试结束。面试结束以后，尽快地整理面试评价表、面试记录等文件，以便于全部面试结束后进行综合评定，作出录用决策。

（四）评价中心

评价中心把求职者置于一个虚拟的实际情境里，让求职者在某个领域内解决某个"现实"问题，或者达到一个"现实"目标。考官主要考察候选人的工作能力、人际交往能力、语言表达能力等方面的能力。

1. 公文筐测试

公文筐测试，又称公文处理测试，是在假定的环境下实施，让应聘者以管理者的身份去处理该职位在真实的环境中需要处理的各类公文。这是评价中心中运用得最多的，也是最重要的测量方法之一。在模拟活动中，文件筐中装有各种文件和手稿：电话记录、留言条、办公室的备忘录、公司正式文件、客户的投诉信、上级的指示、人事方面的信息（如求职申请或晋升推荐信）等。这样的资料一般有 10~25 条，有来自上级的也有来自下级的，有组织内部的也有组织外部的，有日常的琐事，也有重大的紧急事件。

2. 无领导小组讨论

无领导小组讨论，该方法是将几个应聘者（一般 6 个左右）组成一个临时的小组，让他们讨论一些精心设计的管理活动中比较复杂的问题，目的在于考察被测试者的表现，尤其是考察谁会成为自发的领导者。

无领导小组除了考察应聘者的领导能力外，还能考察应聘者个人的主动性、宣传鼓动与说服力、口头表达能力、组织能力、人际协调能力、精力、自信、创造性、心理压力与承受性等。无领导小组讨论的题目从形式上而言，可以分为开放式问题、两难问题、多项选择问题、操作性问题和资源争夺性问题。

3. 角色扮演

角色扮演是由招聘人员设计一个模拟情境，在这个情境中会出现很多矛盾和冲突，应聘者要以某种角色进入该情境，去处理解决这些矛盾和冲突。该情境中的其他角色通常由招聘人员或其专门安排的人员扮演，这些人随时会为应聘者制造一些棘手的问题，并要求其在一定时间内解决。该方法旨在考察应聘者的随机应变能力、解决问题能力、情绪控制能力，以及处理问题的方法和技巧等。

4. 模拟演讲

模拟演讲通常是由招聘人员出一个题目或提供一些材料，应聘人员在拿到题目或材料后稍做准备，继而按照要求进行发言。题目的设置可以是做一次动员报告，可以是在集体活动上发表祝词，也可以是针对具体职位发表就职演说等形式，有时演讲结束后，招聘人员还可以针对演讲内容对应聘者进行提问和质疑。该方法主要考察应聘者的思维能力、语言组织能力、理解能力、反应速度、言谈举止、风度气质等方面的素质。

评价中心技术能够全方位地考查应聘者的各方面能力，包括语言表达能力、思维逻辑能力、反应能力、心理承受能力、领导能力、组织能力、人际协调能力、创造性等20多个项目，可以体现一个人的综合水平。由于应聘者在测试过程中面对的是以后工作经常会遇到的实际问题，解决这类问题的能力一般不易伪装，所以这种预测的准确率也较高，可以防止或减少对所需人员任用的错误。

相对于其他的方法来说，评价中心的成本比较高，需要花费较多的时间和人力资源成本等。另外，评价中心对面试官要求较多，需要其有较强的观察能力和分析判断能力等，最后，面试官在评价应聘者的表现时主观性较大。

（五）心理测试

应聘者的素质结构中，心理素质是一项非常重要的内容，是个体发展和事业成功的关键因素。现在，在企业的人员招聘选拔中，心理测试越来越被企业广泛使用。

心理测验是一种用科学的计量手段，用科学的计量工具，对人们的一些特殊的心理特点进行定量，从而度量个人的各种心理因素和个人心理的不同之处。通过对个体的情感、行为模式和个性特征的分析，可以对其心理进行深入分析。一般心理测试包括智力测试、性格测试、职业兴趣测试、心理健康测试等。下面重点介绍智力测试，性格测试和职业性向测试。

1. 智力测试

智力测试是一种对人的智能进行科学的检验，它反映了人们对周围的环境的认识和适应。智力包括观察、记忆、想象、思考能力等。智力水平对一个人的社会成就有很大的影响。智力的高低以智商IQ来表示，不同的智力理论或者智力量表用不同的分数来评估智商。一般来说，智商比较高的人，学习能力比较强，但这两者之间不一定完全正相关。

2. 性格测试

性格指个人对现实的稳定态度和习惯的行为方式，对应聘者性格进行测试有助于判断他们是否能够胜任所应聘的职位。目前，对性格测试的方法很多，主要可以归结为两大类：①自陈式测试，就是向被试者提出一组有关个人行为、态度方面的问题，被试者根据自己的实际情况回答，测试者将被试者的回答和标准进行比较，从而判断他们的性格。②投射式测试，该测验将图片作为工具，测试人将一张意义含糊的图或照片出示给应聘者看，并不给其考虑的时间，要求被测试人很快说出对该图片的认识和解释。由于应聘者猝不及防，又无思考时间，就会把自己的心理倾向"投射"到对图片的解释上，结果较为可信。

3. 职业兴趣测试

职业兴趣测试是一种评估个体对不同职业领域或职业类型的兴趣程度的工具或方法。它的目的是帮助个体了解自己的职业兴趣，并提供与这些兴趣相关的职业建议或方向。

职业兴趣测试通常基于心理学和职业学科的理论基础，通过一系列问题或情境描述来测量个体对不同职业领域的偏好和兴趣程度。这些问题可能涉及个体的兴趣、喜好、价值观、活动偏好等方面。

职业兴趣测试的使用可以带来以下好处：

（1）职业探索和规划。个体可以通过测试结果探索适合自己兴趣和个人特点的职业领域，并作出更明智的职业规划决策。

（2）提高职业满意度。通过了解自己的职业兴趣，个体可以更好地选择与自己兴趣相关的职业。这有助于提高个体在工作中的满意度和幸福感，因为他们可以从事他们真正感兴趣和乐于从事的工作。

（3）辅助职业发展。职业兴趣测试可以提供个体发展的方向和建议。根据测试结果，个体可以了解自己在不同职业领域中的优势和兴趣匹配度，进而选择适合自己发展的培训、教育或职业发展路径。

总之，职业兴趣测试结果，是作为一种参考和指导工具。个体还应综合考虑其他因素，如能力、价值观、工作条件等，作出全面的职业决策。

第三节 人力资源管理的人才培养

一、人力资源管理中人才培养的特点

第一，长期性。人才培养是一个长期过程，需要投入时间和资源来培养和发展员工的

能力和潜力。培养人才需要持续的关注和支持，而不是一次性的活动。

第二，综合性。人才培养是一个综合性的过程，涉及多个方面的培养内容，包括知识、技能、态度和价值观等。培养人才需要综合考虑员工的全面发展，使其具备适应不同岗位和角色的能力。

第三，个性化。人才培养应该根据员工的个体差异和发展需求进行个性化设计。每个员工的背景、经验和目标都不同，因此培养计划应该根据员工的特点和需求进行量身定制，以提高培养效果。

第四，多元化。人才培养需要采用多种培养方法和手段。培养可以通过内部培训、外部培训、工作轮岗、导师制度、项目经历等多种方式进行。多元化的培养方法可以更好地满足员工的学习需求和培养目标。

第五，持续性。人才培养是一个持续性的过程，需要不断地评估和调整培养计划。培养计划应该与组织的战略目标和业务需求相一致，并随着员工的成长和变化进行调整，以保持培养的有效性和适应性。

第六，效果评估。人才培养需要进行有效的评估和反馈。通过评估培养效果，可以了解员工的成长和进步情况，及时调整培养计划，并为员工提供有针对性的反馈和支持。

第七，组织支持。人才培养需要得到组织的全面支持和重视。组织应该提供必要的资源和环境，为培养活动提供支持和保障。同时，组织文化和价值观也应该与人才培养相一致，以促进培养计划的有效实施。

总之，人力资源管理中的人才培养是一个长期、综合、个性化、多元化、持续性的过程，需要组织的全面支持和有效的评估机制，以提高员工的能力和潜力，并为组织的发展提供源源不断的人才支持。

二、人力资源管理中人才培养的重要性

古今中外，无论是治国理政还是企业发展管理，人才都很重要。企业要做大做强，就必须重视人才，人才对企业发展有着十分重要的意义。在企业内部根据从事的岗位不同，人才大致可分为高层决策者、中层管理者和基层员工三种。

（一）高层决策者的重要性

企业高层决策者决定着企业的整体发展方向，步入新世纪，各行各业最缺的就是企业高层管理者。企业高层决策者要具有全局性、复杂性、创新性等鲜明特色。创造经济效益的是企业员工，而决定企业发展方向的则是高层决策者，可见企业决策者的重要性。企业

领导者不一定要有非常专业的技术知识，但必须要会识人用人。

总之，企业高层决策者要有出色的大局观、无私的用人理念和经济学家的头脑，具备这些因素的高层决策者才是企业真正的"第一资本"。

（二）中层管理者的重要性

企业中层管理者是企业的中坚力量，承载着上令下行、下情上达的承上启下作用，是企业内部的沟通桥梁和连接枢纽。企业里的每个部门像是一个细胞，在自己细胞内每个人各司其职，而部门领导者不但需要对外和别的部门对接，还需要对内管理好本部门的高质量运作。他们肩负着不同的领导责任，掌握着企业的命脉主线，对于实现企业发展的有关战略任务至关重要。

企业中层管理者要使部门中的每一个员工都了解自己工作的目标和方向，要让每一个员工都形成自己的特点，要有自己所擅长的领域，让他们有适合自己发挥特长的职场环境，如此企业高层制定的战略目标才能够真正得到落实。另外，要切实保障每一个工作细节的执行，使员工各司其职，最终完成本部门的年度或者季度任务。企业中层管理者承上启下的特点决定了他们在执行体系里的特有地位，要管理出效益，以在激烈的市场竞争中提高企业的竞争力。

（三）基层员工的重要性

第一，基层员工是企业发展的基础。基层员工是企业的基础，企业的发展规模有多大，或者能产生多少的经济效益与社会效益，在很大程度上决定企业基层员工的力量。另外，企业的发展战略规划及各种工作计划虽由企业管理层制定，但最终都是由企业基层员工执行和完成的，可见企业基层员工的重要性不言而喻。

第二，基层员工是企业人才管理的储备力量。企业管理层会退休或者离去，为了企业的长远发展，企业必须注入新鲜血液，要在一个或几个管理人员离开后能够立马提拔相应的人员进入管理层。对于从公司基层提拔上来的管理层和干部，其既有工作经验，对企业的基层工作和业务也有充分和深入的理解，能更好地为企业服务。所以，企业一定要注意对基层员工的培养，给基层员工提供一个成长的环境，以在整个企业内部形成人才济济的状况，给企业发展提供源源不断的动力。

三、人力资源管理中人才培养的作用

人力资源管理中，人才培养是一个非常重要的方面，它在组织的长期发展和成功中发挥着关键的作用。人才培养在人力资源管理中的作用包括以下几个方面。

第一，促进组织的绩效和竞争力，通过培养和发展人才，组织能够提高员工的能力水平和绩效表现。培养有能力、有潜力的员工，使其在工作中更加出色，为组织的发展和竞争力作出贡献。

第二，提高员工的工作满意度和忠诚度，通过为员工提供培训和发展机会，组织可以满足员工的职业发展需求，增加他们的工作满意度。同时，员工感受到组织对他们的关注和投资，会更加忠诚于组织，并增加员工的员工保持度。

第三，降低员工流失率和招聘成本，在人才竞争激烈的环境中，组织要吸引和留住优秀的人才，人才培养起到至关重要的作用。通过为员工提供培训和发展机会，组织可以满足员工的成长需求，增加他们的职业发展空间，从而降低员工的流失率，减少组织的招聘和培训成本。

第四，培养组织内部的领导力和管理能力，人才培养可以帮助组织内部培养和发展具备领导力和管理能力的员工。通过提供领导力培训、管理技能培训等，组织可以培养出优秀的领导者和管理者，以支持组织的发展和管理需求。

第五，促进组织的创新和变革，培养具有创新能力和适应能力的人才，可以帮助组织应对不断变化的市场环境和业务挑战。通过提供创新培训、变革管理培训等，组织可以培养出具备创新思维和变革能力的员工，推动组织的创新和变革进程。

总之，人才培养在人力资源管理中扮演着至关重要的角色。它可以提高员工的能力水平和绩效表现，增加员工的工作满意度和忠诚度，降低员工的流失率和招聘成本，培养组织内部的领导力和管理能力，促进组织的创新和变革。这些作用都有助于组织实现长期的发展和成功。

四、人力资源管理中专业人才的培养模式

（一）树立人才培养理念

专业人才的培养需要注重个性化和终身学习的观念。人力资源管理是一个不断变化的领域，学员的学习需求也会随着时间和环境的变化而变化。因此，培养模式应该注重个性化的培养计划，根据学员的不同需求和特点，量身定制培养方案。此外，由于人力资源管理的知识更新很快，培养模式应该鼓励学员保持终身学习的观念，通过不断学习和更新知识，提升自己的专业素养和竞争力。

（二）加强人力资源管理专业人才培养

第一，提高品德修养。具有坚定正确的政治方向，良好的思想品德素养和积极向上的

人生态度；具有家国情怀、公益意识、担当意识和使命意识；具有文化自信，能够继承和发扬中华优秀传统文化；具有职业认同和职业伦理；了解国情、社情、民情，能够自觉践行社会主义核心价值观。

第二，提高学科知识。具备系统扎实的基础知识。理解人力资源管理、组织行为学、管理学、经济学及相关学科的历史、现状和前沿动态；掌握职务管理与设计、人力资源规划、员工招聘、员工培训与开发、薪酬管理、绩效管理、劳动关系等现代人力资源管理各职能模块的功能与基本操作专业技能；具有跨学科知识储备，能够中西融汇、文理渗透。

第三，综合能力培养与应用能力的发展。具有应用能力、创新能力、信息能力和沟通表达能力。具有文献检索、资料查询收集整理的基本能力；具有分析和解决专业领域复杂问题的能力，提出相应对策或方案；具有较好的英语听说读写能力。能熟练使用相关信息软件、技术和工具，获取、分析相关信息。具有较强的沟通表达能力，能够使用准确规范的语言文字，逻辑清晰地进行表达，能够与同行和社会公众进行有效沟通。

第四，养成优良素质。具有团队合作意识和国际视野。具有较强的组织、协调和管理能力。能够理解和尊重企业文化的差异性和多样性；了解国际动态，关注本领域的全球重大问题，具有开展国际交流与合作的能力。具有自我规划、自我管理、自主学习和终身学习能力，能够主动提升自己，适应社会和个人高层次可持续发展的需要。

（三）建立科学完善的人力资源管理制度

人力资源管理主要通过对员工进行有效管理和对人才进行培养支持该行业完成相应的任务，实现各阶段的发展目标。企业应根据自身的实际情况，建立一套完善的人力资源管理制度，最大限度地管理与开发内外人力资源。除了发现外部人才外，更要发掘内部人才。相对于人才市场或者高校招聘的人才，企业内部的人才更了解企业且更懂业务，所以要使他们的潜能得到最大限度发挥，做到即插即用，使人力资本得到稳定的扩充与提升。所以，人力资源管理是企业最高的战略管理，企业只有加强人才的开发和培训，完善人力资源管理，才能拥有高质量的人才，才能够源源不断地给企业注入推动力，帮助企业获得更强的竞争实力，促进企业长远发展。

（四）建立合理的考核和激励机制

科学的人力资源管理能够有效调动企业员工的积极性，而员工对工作积极性的高低直接决定着其工作效率。积极性高的员工可以高效率完成工作，完善人力资源管理能够充分调动员工的工作热情，提高其工作效率，对企业节约人力资源成本和促进企业可持续发展都具有重大意义。但是，制度再好，也要有相应的执行才能达到效果，企业必须采取科学、合理、高效的考核体系以及奖惩制度。企业管理部门应明确所有岗位的工作内容和职责特点，然后有针对性地制定出最适合的考核制度和激励机制。

对于违反规定或考核不合格的员工应该怎样处理，对于表现出色的员工应该怎么奖励，都需要一套切合本企业实际的考核和激励机制。此外，激励机制要注意对员工的现实意义和实用性，但也不可完全忽略掉精神激励的重要性，有时候好的精神激励才是企业人才资源开发的核心。

（五）建立监督反馈机制

在企业的具体实践中，建立监督反馈机制主要包括四种形式：

第一，政治监督，即以党建监督、纪检监督、干部监督等为着力点，监督企业管理决策者在用人或培养人才方面有没有徇私舞弊、任人唯亲。

第二，经济监督，即以财务监督、审计监督、专职董监事监督等为着力点，重点对企业在人才培养战略规划中遵纪守法的情况等进行监督。

第三，法律监督，即以法律审查、内控合规体系建设等为着力点，重点对遵守法律法规情况以及合规管理要求执行情况进行监督，主要由法律部门组织开展。

第四，部门内部监督，主要以出去参与培训学习员工的考核结果或学习成果为着力点，严查借学习培训之名而行游玩之实的情况。在监督机制建立以后，还需要有反馈机制。通过反馈，企业管理者才会对该项制度的实施效果有全局的把握，然后进行相应的改进与完善，形成一个良性循环。

总之，在竞争愈发激烈的当今社会，人才对一个企业来说，其重要性不言而喻。人才是企业发展最为重要的资源，决定着企业的兴衰成败。企业对人才培养模式要不断进行改革与创新，要依据自身实际情况制定切实可行的人力资源管理机制，从而让企业拥有向前发展的源源不断动力。

第四节　人力资源管理的人才效能

人力资源管理的人才效能[①]是指组织通过有效地管理和发展人力资源，使其能够最大

---

① 效能是指在特定的时间和资源限制下，完成工作或实现目标的能力和效率。它关注的是在给定的条件下，以最高水平实现预期结果的能力。

限度地发挥潜力、提高工作绩效和创造价值的能力。绩效与薪酬是人才效能的关键组成部分，它们相互关联，可以共同促进人才的发展和组织的成功。

一、人力资源管理的绩效

绩效是指员工在工作中所表现出来的工作成果和效果。它是评价员工工作质量和效率的衡量标准，反映员工在工作中的表现和能力。绩效评价的目的是为了衡量员工的工作绩效，发现他们的优点和不足，并提供有针对性的反馈和改进措施。绩效评价可以通过定量指标和定性评估来进行，通常基于工作目标、工作成果、工作态度等方面的考察。绩效评价的结果可以用于激励、晋升、培训和辞退等人力资源决策。

（一）绩效概述

1. 绩效的含义

绩效，也称为业绩、效绩、成效等，反映的是人们从事某一种活动所产生的成绩和成果。只要有需求和目标，就有绩效。所以，做任何事情都存在着绩效，绩效问题始终伴随在我们周围，也存在于与我们相关的各种组织、团体之中。

从组织层面看，绩效就是利润，就是销售收入；绩效就是规模，就是市值，就是市场占有率；绩效就是企业可持续发展的能力；绩效就是价值创造或价值增值；绩效就是组织目标实现度等。

从个体层面看，绩效就是个人工作中符合组织需要的行为；绩效就是个人表现出来的符合组织需要的素质；绩效就是符合组织需要的成果等。

从内容层面看，又存在任务绩效和周边绩效之分。任务绩效是指工作的直接结果；周边绩效则包括人际、意志动机等因素，一般表现为完成非本职任务、热情对待工作、积极与别人合作、严格遵守公司制度以及维护组织目标等五个方面。

2. 绩效的构成

绩效的构成是指评估员工绩效时所考虑的要素和指标。绩效构成的具体内容会因组织的需求和目标而有所不同，但通常包括以下几个方面：

（1）工作成果。工作成果是评估员工绩效的重要指标之一。它涵盖了员工在工作中所取得的实际成果和成就，包括完成的任务数量、质量、效率等方面。工作成果可以通过量化指标来衡量，如销售额、产品产量、客户满意度等，也可以通过定性评估来考察，如项目完成情况、创新能力等。

（2）工作行为。除了工作成果，绩效评估还需要考虑员工的工作行为。工作行为包括员工在工作中展现出的态度、行动和与他人合作的能力。例如，沟通能力、团队合作、自我管理、问题解决能力、职业道德等。这些方面的表现对于员工在组织中的整体表现和发展潜力具有重要影响。

（3）能力和技能。绩效评估还应考虑员工的能力和技能水平。这包括员工所具备的专业知识、技能、培训经历和个人发展。通过评估员工的能力和技能，可以确定他们在当前岗位上的适应程度，以及在未来的发展潜力和培训需求。

（4）目标达成。设定和实现目标是绩效管理的重要环节。评估员工的绩效需要考察他们是否达到了既定的工作目标和绩效指标。目标的设定应该具体、可衡量和具有挑战性，员工的绩效评估可以根据目标达成的程度进行评估和奖励。

（5）反馈与发展。绩效管理还需要提供及时的反馈和发展机会，帮助员工了解自己的绩效水平，发现问题和改进的空间。通过正式的绩效评估和一对一的反馈，员工可以得到具体的指导和发展建议，进一步提升自己的绩效水平。

总之，绩效的构成是多方面的，综合考虑了工作成果、工作行为、能力和技能以及目标达成等因素。构建科学合理的绩效构成，有助于全面评估员工的绩效水平，为组织提供有针对性的管理和发展措施。

3. 绩效的作用

绩效在人力资源管理中发挥着重要的作用。绩效的作用包括：

（1）评估和奖惩。绩效评估是评估员工工作表现的重要手段。通过绩效评估，组织可以对员工的工作成果、工作行为和能力进行客观评价，识别出他们的优点和不足。这为组织提供了依据，用于奖励优秀员工和采取相应的激励措施，同时也为发现和解决绩效低下的问题提供了基础。

（2）激励和激励。绩效评估结果可以作为激励机制的重要参考。通过将绩效与薪酬、晋升和奖励挂钩，可以激励员工努力提高工作表现和实现目标。同时，绩效评估结果也可以为员工提供发展机会和个人成长的方向，激发员工的积极性和主动性。

（3）发现和培养人才。绩效评估有助于发现和培养组织内的人才。通过评估员工的能力和潜力，可以确定高潜力员工，为其提供相应的培训和发展机会，帮助他们提升自身能力，为组织的长远发展作出贡献。此外，绩效评估也为人才管理和继任计划提供了重要的参考依据。

（4）提高组织绩效。绩效评估有助于提高组织整体绩效水平。通过对员工的绩效进行评估和管理，可以发现并解决绩效低下的问题，促进员工的工作效率和质量，提升整体组织绩效。同时，通过将绩效目标与组织目标对齐，可以推动员工的工作重点与组织战略一致，增强组织的竞争力和可持续发展能力。

（5）反馈和改进。绩效评估为员工提供了有针对性的反馈和改进机会。通过评估结果的反馈，员工可以了解自己的绩效水平，发现问题和改进的空间。这为员工提供了发展方向和个人成长的机会，同时也为组织提供了改进和优化绩效管理的机会。

总之，绩效在人力资源管理中具有重要的作用，涵盖了评估、奖惩、激励、发现人才、提高组织绩效以及反馈和改进等方面。通过有效的绩效管理，组织可以更好地管理和发展人力资源，提升工作效能和组织竞争力。

（二）绩效管理

绩效管理是指组织通过评估和管理员工的工作绩效，以实现组织目标的过程。它包括一系列的活动和措施，旨在衡量、提升和激励员工的工作表现。

1. 绩效管理的意义

绩效管理是一种通过设定目标、评估员工表现、提供反馈和制定改进计划来监督和管理员工工作绩效的过程。它对组织和员工都具有重要的意义。以下是绩效管理的几个重要意义：

（1）促进目标实现。绩效管理帮助组织设定明确的目标，并确保员工的工作与这些目标保持一致。通过设定可衡量的目标，员工可以专注于关键任务，提高工作效率，从而推动组织的整体绩效提升。

（2）提供反馈和改进机会。绩效管理提供了对员工表现的定期评估和反馈机制。员工可以了解自己的工作表现如何，知道自己的优势和改进的方向。这使得员工能够调整自己的工作方法和行为，以便更好地实现个人和组织的目标。

（3）激励和奖励。通过绩效管理，组织可以识别出表现优秀的员工，并给予他们应有的奖励和认可。这种激励机制可以提高员工的工作动力和满意度，增强他们对工作的投入和忠诚度。

（4）发现培养潜力。绩效管理可以帮助发现潜力员工的才能和能力。通过评估员工的绩效，组织可以确定有潜力的员工，并为他们提供培训和发展机会，以提升他们的能力和为组织的未来担当重要角色做好准备。

（5）支持决策制定。绩效管理提供了有关员工绩效的数据和信息，这些信息可以用于支持人力资源决策制定。通过绩效管理系统收集的数据可以用于评估员工绩效的趋势、组织中的差异以及潜在的改进领域。这使得组织能够制定更有效的战略和决策，以改进绩效和实现组织的长期目标。

总之，绩效管理对于组织来说是至关重要的，它可以帮助组织提高工作效率、激励员工、发现潜力和支持决策制定。同时，对员工而言，绩效管理提供了明确的目标、反馈和发展机会，有助于他们提升工作能力和实现个人职业目标。

2. 绩效计划与实施

（1）绩效计划。绩效计划是管理人员与员工共同讨论以确定员工考核期内应该完成哪些工作和达到怎样的绩效水平的过程。绩效计划是绩效管理的起点，通过它可以在公司内建立起一种科学合理的管理机制，可以帮助管理人员和员工明确目标和努力的方向，能有机地将股东的利益和员工的个人利益整合在一起。

第一，绩效计划的准备。绩效计划通常是通过管理人员与员工双向沟通的绩效计划会议得到的，那么为了使绩效计划会议取得预期的效果，事先必须准备好相应的信息。这些信息主要可以分为三种类型。

①企业的信息。为了使员工的绩效计划能够与企业的目标结合在一起，管理人员与员工将在绩效计划会议中就企业的战略目标、公司的年度经营计划进行沟通。

②部门的信息。每个部门的目标是根据企业的整体目标逐渐分解而来的。不但经营的指标可以分解到生产、销售等业务部门，而且对于财务、人力资源部等业务支持性部门，其工作目标也与整个企业的经营目标紧密相连。

③个人的信息。关于被评估者个人的信息中主要有工作描述的信息和上一个绩效期间的评估结果的信息。以工作描述中的工作职责为出发点设定工作目标可以保证个人的工作目标与职位的要求联系起来。

第二，绩效计划的沟通。绩效计划是双向沟通的过程，绩效计划的沟通阶段也是整个绩效计划的核心阶段。在这个阶段，管理人员与员工必须经过充分的交流，对员工在本次绩效期间内的工作目标和计划达成共识。管理人员和员工在设定目标的时候要注意使每个目标尽可能具体，并将每个目标同工作或结果联系起来，明确规定出结果的时限和资源使用的限制，使每个目标简短、明确和直接。

第三，绩效计划的审定和确认。对计划的审定和确认是最后一个步骤。当绩效计划结束时，应达到以下的结果：员工的工作目标与企业的总体目标紧密相连，并且员工清楚地知道自己的工作目标与企业的整体目标之间的关系；员工的工作职责和描述已经按照现有的企业环境进行了修改，可以反映本绩效期内主要的工作内容；管理人员和员工对员工的主要工作任务，各项工作任务的重要程度，完成任务的标准，员工在完成任务过程中享有的权限都已经达成了共识；管理人员和员工都十分清楚在完成工作目标的过程中可能遇到的困难和障碍，并且明确管理人员所能提供的支持和帮助；形成了一个经过双方协商讨论的文档，并且管理人员和员工双方要在该文档上签字确认。

（2）绩效实施。在制订了绩效计划以后，就应按照计划开展工作，管理者要对员工的工作进行观察、指导和监督，对发现的问题及时予以解决，并根据实际情况对绩效计划进行调整。

第一，绩效信息收集。绩效信息收集是一种系统地收集有关员工工作活动和企业绩效的方法，绩效管理离不开绩效信息的收集。

①绩效信息收集的目的。提供员工的工作情况记录，为考核及相关决策提供依据，让管理者及时发现员工存在的问题，纠正绩效偏差。

②绩效信息收集的内容。主要收集与绩效有关的信息，包括工作目标或任务完成情况的信息、来自客户积极和消极的反馈信息、工作绩效突出的行为表现、绩效有问题的行为表现等。

③绩效信息收集的方法。绩效信息收集的方法包括观察法、工作记录法、他人反馈法等。要全面了解员工绩效的信息，需要综合运用各种方法。

第二，绩效沟通。绩效沟通是指在整个考核周期内，上级就绩效问题持续不断地与员工进行交流和沟通，给予员工必要的指导和建议，帮助员工实现确定的绩效目标。在整个绩效实施期间，都需要管理者不断地对员工进行指导和反馈，即进行持续的绩效沟通。持续的绩效沟通能保证管理者及时对计划进行适应性调整。员工在绩效沟通过程中需要了解两类信息：希望获得相应的资源和帮助，及时解决工作中遇到的困难和障碍；希望在工作中能不断得到关于自己绩效的反馈信息。

①绩效沟通的目的。在达成绩效目标的过程中，管理者提供工作所需要的资源、支持和帮助，并根据绩效计划对工作进度情况进行跟踪辅导，一方面能够帮助个体绩效目标的实现，另一方面能实现有效的管理和控制，及时纠偏，从而推动企业的绩效实现。

②绩效沟通的内容。究竟需要沟通哪些信息，这取决于管理者和员工关注什么。管理者应该思考的是：作为管理者要完成什么职责，必须从员工那里得到什么信息，而员工要更好地完成工作的话，需要向他们提供什么信息。

③绩效沟通的方式。绩效沟通的方式分为正式沟通和非正式沟通。正式沟通可以分为书面报告、管理者参与的全体会议或小组会议、管理者与员工的面谈等。书面报告是绩效管理中比较常用的一种正式沟通的方式。它是指员工使用文字或图表的形式（如工作日志、周报、月报、季报、年报等）向管理者报告工作的进展情况，可以是定期的，也可以是不定期的。在采用书面报告时，通常可以辅之以面谈，使信息传递更为丰富和准确。

二、人力资源管理的考核

考核是对员工绩效进行系统评估和分析的过程。它是基于事实和数据的绩效评价,通过收集、整理和分析员工的工作表现和数据,对员工的绩效进行客观评估。考核的目的是为了评估员工的工作成果和能力,识别出他们的优点和不足,为绩效管理提供依据。考核过程中,可以采用多种评估方法,包括360度评价、自评、上级评价、同事评价等。考核结果的准确性和客观性对于制定激励和发展计划至关重要。

(一)考核的构成

考核的构成可以因组织和具体情况而异,但通常包括以下几个方面:

第一,目标和绩效评估。考核通常涉及对员工在特定期间内实现的目标和绩效进行评估。这些目标可以是个人目标、团队目标或组织目标,具体取决于层级和职责。

第二,技能和知识评估。考核可能包括对员工所需技能和知识的评估,以确保他们具备完成工作所需的能力。这可以通过测试、项目评估、演示或其他形式的评估来完成。

第三,行为和态度评估。除了绩效和技能,考核还可能涉及对员工在工作中的行为和态度进行评估。这包括与同事和客户的合作、沟通技巧、工作态度等方面。

第四,自评和上级评估。有些考核过程中会要求员工进行自我评估,即对自己的表现进行反思和评价。同时,上级也会参与评估员工的表现,并提供反馈和建议。

第五,反馈和发展计划。考核通常包括向员工提供反馈,包括他们的优点和改进的领域。基于这些反馈,可以制定个人发展计划,以帮助员工提高绩效和发展技能。

需要注意的是,具体的考核构成可能因不同组织和行业而异。有些组织可能会使用评分表或评估工具来量化考核结果,而其他组织可能更注重定性评估和综合判断。

(二)考核的原则

第一,公平原则。要想确立和推行人员考核制度就必须注重公平。考核的作用在不公平的情形下无法发挥出来。

第二,严格原则。考核只有在严格的执行下才能够发挥作用。不严格的考核无法对员工的真实情况进行全面反映,同时产生的后果很可能是消极的。考核的严格性主要体现在:考核标准应当明确;考核态度应当严肃认真;考核制度和程序方法应当严格。

第三,单头考评原则。考评者接受的考评必须是由其直接的上级进行的。直接上级对于考评者的各项真实情况更加了解,包括考评者的适应性、能力和成绩等。直接上级的上级是间接上级,不能随便修改直接上级的评语。单头考评使得考评的责任得到了明确,使经营组织的指挥能力得到增强。

第四,结果公开原则。本人应当了解自己的考核结果,这是民主的体现。这样做既可以使被考核者对自己的优缺点加以充分了解,并进而对自己的工作作出调整,不断进步,还能够让成绩差的人获得前进的动力。此外,这种方式能够避免考评过程中不公正不合理的因素。

第五,结合奖惩原则。考评的结果出来之后,应当以此为依据对员工进行升降和赏罚。这种升降和赏罚必须要联系于精神和物质两方面,包括奖金和工资,这样考核的目的才能够真正达成。

第六,客观考评原则。人事考评应当避免感情色彩和主观性的介入,考评应当依照明确规定的考核标准进行,尽可能保持客观公正。

第七,反馈的原则。被考评者本人应当知晓考评的结果,这样教育的作用才能够发挥出来。再将考评结果反馈给被考评者,应当对评语进行相应的解释,让被考评者能了解自身的优缺点,并在今后不断改进。

第八,差别的原则。明确的界限应当存在于考核的等级之间,不同的考评成绩应当获得不同的工资和晋升对待,这种带有刺激性的考评,更能够促进职工的努力。

第九,"三重一轻"的原则。具体包括:①注重积累,考核的基础存在于日常的点滴之间;②注重成果,员工的进步体现在各种成果之间,促进员工今后努力;③注重实效,考核应当在事情发生的时间进行,如果过了太久,则无法回首过去的问题,所以考核应当选择固定的时间;④轻便快捷,要想使复杂的考核方式取得预期的效果,就必须在专业人员指导下进行。

(三) 考核的作用

考核在组织中具有以下几个作用:

第一,评估员工绩效。考核帮助评估员工在工作中的表现和绩效。通过评估,组织可以确定员工的工作质量、完成情况和目标达成情况,从而对员工进行绩效评价。

第二,激励和奖励。考核结果可以用作激励和奖励员工的依据。表现优秀的员工可能会得到奖金、晋升、提高薪资或其他激励措施,以鼓励他们继续保持良好的表现。

第三,发现培养人才。考核可以帮助组织发现和识别潜在的高绩效员工和人才。通过评估员工的技能、知识和潜力,组织可以确定哪些员工适合承担更高级别的职责和领导角色,并为其提供相应的培训和发展机会。

第四，改进绩效管理。考核结果提供了组织评估和改进绩效管理过程的反馈。通过分析和比较员工的绩效，组织可以发现绩效管理中存在的问题，并采取措施改进绩效评估的准确性和公正性。

第五，建立目标和期望。考核过程中，组织和员工可以明确目标和期望。设定明确的目标有助于员工了解他们应该朝着什么方向努力，并使组织能够确保员工的工作与组织的战略目标相一致。

第六，反馈和发展。考核为员工提供了有关他们的工作表现的反馈和建议。通过评估结果，员工可以了解自己的优点和改进的领域，从而制定个人发展计划并寻求成长和提升的机会。

总之，考核对于组织和员工都具有重要的作用，可以促进绩效管理、激励员工、发现人才、改进绩效管理过程并促进个人发展。

（四）考核管理

人力资源考核管理是指在组织中对人力资源进行评估和管理的过程。它涵盖了一系列活动和措施，以确保组织拥有并管理适当的人力资源，以实现组织的战略目标和长期成功。

1. 考核管理的意义

考核管理在组织和企业中具有重要的意义，具体有以下几个方面。

（1）激励与奖励。考核管理可以激励员工努力工作并达到组织设定的目标。通过建立明确的考核标准和绩效评估体系，优秀的员工可以获得公正的奖励和认可，从而激发他们的积极性和动力。

（2）提高工作质量。通过考核管理，组织可以对员工的工作表现进行评估和监控。这有助于发现问题并提供针对性的培训和辅导，以改进工作质量和效率。

（3）发现和发展人才。考核管理可以帮助组织发现和发展潜在的人才。通过评估员工的绩效和潜力，组织可以确定那些有能力在组织中发展和承担更高职责的人员，并为其提供适当的培训和晋升机会。

（4）支持决策和资源分配。考核管理提供了评估员工表现的数据和信息，为组织的决策和资源分配提供依据。这些数据可以用于制定奖惩机制、确定培训需求、调整工作分配以及优化组织结构。

（5）建立公平和透明的文化。考核管理的一个重要目标是建立一个公平和透明的工作环境。通过制定明确的考核标准和程序，确保评估的公正性，并避免主观偏见和不公平待遇，从而增强员工对组织的信任和忠诚度。

总之，考核管理对于组织和企业来说至关重要。它可以提高员工的工作动力和效率，发现和培养人才，支持决策和资源分配，并促进公平和透明的工作文化。通过有效的考核管理，组织可以实现更好的绩效和持续的发展。

2. 考核管理的实施

人力资源考核管理流程是一个组织用于评估和监控员工绩效的关键环节。这个过程有助于确定员工的工作表现，提供有针对性的反馈，并为员工的个人发展和组织目标的实现提供指导。

人力资源考核管理流程通常包括以下几个关键步骤：

（1）目标设定。管理层与员工共同设定明确的工作目标和绩效指标。这些目标应该与组织的战略目标相一致，以确保员工的工作与组织的整体发展方向相符。

（2）绩效监测和数据收集。管理层通过观察员工的工作表现、收集数据和与员工进行定期的沟通来评估绩效。这可能包括定期的进展会议、项目报告和客户反馈等。通过收集多样化的数据，管理层能够全面了解员工的表现，并作出准确的评估。

（3）评估与反馈。管理层将收集到的数据与事先设定的目标进行对比，以评估员工的绩效。这个评估过程可以通过量化指标、评分表、360度反馈等方法来完成。在评估完成后，管理层会与员工进行面对面的反馈会议，讨论员工的优点、改进空间和个人发展计划。这个过程是建立积极的工作关系和提高绩效的重要一环。

（4）奖励与激励。在评估和反馈之后，管理层将根据员工的表现和绩效结果，给予适当的奖励和激励措施。这可能包括薪资调整、晋升机会、培训和发展机会等。奖励与激励是激发员工积极性和提高工作满意度的关键因素，同时也有助于留住高绩效的人才。

整个人力资源考核管理流程应该是一个循环的过程，具有持续性和动态性。管理层需要不断监测和评估员工的绩效，并根据实际情况进行调整和改进。这可以通过定期的绩效评估、员工反馈和组织的变化需求来实现。同时，员工也应该参与到这个过程中，与管理层共同制定目标、提供反馈和讨论个人发展计划。

三、人力资源管理的薪酬

薪酬是指员工为其所提供的工作所得到的回报，包括工资、奖金、福利等。薪酬是组织对员工工作价值的经济体现，也是吸引、激励和留住人才的重要手段。薪酬管理的目标是确保员工获得公平和合理的报酬，同时与员工的绩效和贡献相匹配。薪酬管理通常涉及薪资结构设计、薪资调整、绩效奖励、福利制度等方面的工作。薪酬制度应该与绩效评价紧密结合，根据员工的绩效水平给予相应的薪资激励。

(一) 薪酬的组成

一般来说，薪酬由工资、奖金和福利这三个部分组合而成。

第一，工资。工资是薪酬中的固定部分（不包括福利和津贴），代表一个工作的职位价值，不代表职位任职者实际工资。

第二，奖金。奖金指支付给职工的超额劳动报酬和增收节支的劳动报酬，衡量标准是考核分数。这是薪酬中的第二部分。一般来说，奖金是企业给予员工除了工资之外的奖励，不一定是货币化的奖励，也包括休假、旅游、商品折扣、购物卡等。

第三，福利。福利包括法定福利和非法定福利。员工从企业获得的除了法定福利之外的其他商业福利称为动态薪酬，主要包括带薪休假、帮助危重家属的计划、养老医疗保险、赡养父母的开支和托儿服务等。这些福利和上文中提到的薪酬是企业雇佣劳动力支付的所有薪酬。

(二) 薪酬的职能

第一，激励职能。马斯洛需求层次理论认为，人的基本需求有五个层次：生理需求、安全需求、社会需求、尊重需求和自我实现的需求。人为了满足基本需求产生行为。所以，设法满足人的基本需求是激励员工努力工作的根本方法，具有有效性。薪酬的激励功能就在于它是全面满足员工多种需求的重要基础。公平合理的薪酬水平和薪酬制度满足员工及其家属的基本生活需求，使员工产生对企业的归属感，提高员工需求的层次。

第二，效益职能。薪酬对企业来讲是劳动的价格，企业的薪酬投入是投入过劳动力的货币表现。因此，薪酬投入就是劳动投入，而劳动是经济效益的源泉。另外，在正常情况下，一个劳动者所创造的劳动成果总是大于他的薪酬收入水平，剩余的部分就是薪酬经济效益。因此，薪酬具有效益职能，正因为具有这种职能，社会才有可能扩大再生产，发展才能得以延续。

第三，监督职能。薪酬可以反映出劳动者向社会提供的劳动量与劳动贡献的大小。反映出劳动者的消费水平。薪酬把劳动量与消费量直接联系了起来，对薪酬支付的监督，实际上也就是对劳动力消耗进行监督。它有助于国家从宏观角度综合考虑合理安排消费品供应量与薪酬增长的关系、薪酬增长与劳动生产率增长、薪酬增长与国内生产总值增长的比例关系。

(三) 薪酬管理

1. 薪酬管理的原则

薪酬管理需要遵循的原则包括：①根据劳付酬原则。要求以劳动为尺度，按照劳动的数量和质量进行报酬分配。该原则体现了正确处理企业与员工之间的关系的要求，更是调动员工积极性的重要条件。②同工同酬原则。要求对从事相同岗位的员工支付同样的基本报酬。③外部平衡原则。要求一个企业的薪酬水平应与其他同类企业的薪酬水平大致保持平衡，这是薪酬管理制度中调整各类人员工资水平关系的原则。④合法保障原则。要求企业的薪酬管理制度必须保障员工的权益，任何组织和个人都不能变动法定的工资制度，都不能擅自增减或扣发工资。

2. 薪酬管理的实施

（1）设定薪酬策略和目标。确定组织对薪酬的整体理念和目标。这可能包括确定薪酬结构、薪酬差异化、绩效考核和奖励机制等方面。

（2）岗位评估和薪酬分级。对组织中的不同岗位进行评估，以确定其相对价值和重要性。根据评估结果，将岗位分为不同的薪酬级别或等级。

（3）确定薪酬标准和范围。为每个薪酬级别或等级确定相应的薪酬标准和范围。这包括确定基本工资、津贴、奖金、福利等方面。

（4）薪酬体系的选择。进行薪酬体系选择的目的是确定企业为员工支付基本薪酬的基础。根据企业的具体情况，企业也可在同一组织内部选择不同的薪酬支付基础。目前，主要的薪酬体系有：职位薪酬体系、能力薪酬体系、绩效薪酬体系。

第一，职位薪酬体系。职位薪酬体系是指职位薪酬体系是对每个职位所要求的知识、技能、工作职责等相关维度的价值进行评估，根据评估结果将所有职位归入不同的薪酬等级，每个薪酬等级包含若干综合价值相近的一组职位。然后根据市场上同类职位的薪酬水平确定每个薪酬等级的工资率，并在此基础上设定每个薪酬等级的薪酬范围。这种薪酬体系在确定基本薪酬时，重点考虑的是职位本身的价值。职位薪酬体系有利于企业实现同工同酬，同时也便于按照职位对薪酬进行系统管理，降低了管理成本。实施职位薪酬体系的企业要求职位说明书清楚明确、工作对象相对较为固定。优点是有利于按照职位系列进行企业的薪酬管理，操作过程简单且管理成本较低。

职位薪酬体系的设计流程有五个：①进行职位分析，形成职位说明书。②职位价值评价。职位价值评价是通过一套标准化的评价指标体系，对各职位的价值进行评价，得到各职位的评价点值。③薪酬调查。在职位价值评价之后，还需要对各职位进行外部市场薪酬调查，并将外部薪酬调查的结果和职位评价的结果相结合，形成各职位平均市场价值的市场薪酬线。④确定公司薪酬政策。公司薪酬政策主要反映公司的薪酬水平和外部市场的薪酬水平相比较的结果。⑤建立薪酬结构。企业在参照各职位平均工资的基础上，根据从事相同工作员工间的绩效差异决定不同的薪酬。

第二，能力薪酬体系。能力薪酬体系是指企业根据员工所具备的能力或是任职资格来确定其基本的薪酬水平，对人不对事，基于岗位的能力占了岗位薪酬总额的绝大部分；员工能力的高低和薪酬、晋升相挂钩；其设计的假设前提是能力高的一定取得高的绩效，使员工能够认识到高能力会取得高绩效；薪酬随着能力提高而提高，能力最高者其薪酬也最高；管理者关注的是员工能力价值的增值。

在现代企业中，员工的能力已越来越多地被企业所重视。而各种能力分析和评价技术的日渐成熟，也为能力薪酬体系的发展提供了支持。"能力"一词不仅包括了员工的基本知识、技能、职位胜任力、任职资格等。能力可被分为不同的层次，从而制订不同的薪酬方案。

能力薪酬体系设计的重点在于明确一种能够使各个能力要素和基本薪酬相联系的方法。能力薪酬体系的构建比职位薪酬体系要复杂得多。由于能力薪酬体系在很大程度上直接涉及对任职者本身的评价，基本流程有：能力分析与能力模块的构建；任职者能力鉴定；能力模块和标准的定价；总体方案的设计。

第三，绩效薪酬体系。绩效薪酬体系往往与激励计划、可变工资计划、风险报酬、成功分享等名词联系在一起。绩效薪酬体系的工资必须随着个人或组织绩效的变动而变动。绩效工资是指通过对员工的工作业绩、工作品行、工作能力等方面的考核评估，确定员工的工资。绩效工资一般为基本工资的一个百分数，而由于基本工资变动较少，因此要变动的是绩效工资的增幅。

绩效薪酬体系必须与企业的整体战略紧密联系。绩效薪酬体系的实行必然会让员工承担一部分薪酬的风险，而这种承担风险的要求同时也要求企业能够及时地为员工提供作出正确决策所需的各种信息。由于经营环境的不断变化，绩效薪酬的基数和制度设计必须是灵活可变的。

(5) 薪酬水平和薪酬结构的确定。

第一，薪酬水平。薪酬水平是指企业的薪酬与其竞争对手、市场平均薪酬相比所处的状况。基于薪酬体系的确定，企业需要根据外部环境和自身情况来确定具体的薪酬水平方案。薪酬水平的决定因素有劳动力市场状况、行业规模和经营战略等。薪酬调查是指针对市场上不同企业所支付的薪资情况，通过专业技术和方法进行数据收集整理、统计分析，从而反映出市场薪酬水平的客观状况，为管理者提供薪酬决策的依据。薪酬调查可以通过有关部门的非营利性质的调查、管理咨询公司撰写的营利性薪酬调查报告，以及网络或媒体进行的营利性薪酬调查来获得。

第二，薪酬结构。薪酬结构是指对同一组织内部的不同职位或技能之间所做的工资率安排。通过职位评价或技能评价，企业可以决定其薪酬等级的数量。企业可以将职位在组织内部的评价点数与外部市场调查薪酬数据结合起来，得到薪酬政策曲线，进一步根据该曲线来设计薪酬区间的中值、级差以及各薪酬等级的浮动区间。

（6）通知和沟通。将薪酬体系和相关政策清晰地沟通给组织内的员工。确保员工理解薪酬结构、绩效考核和奖励机制，并提供机会回答问题和解释政策。

（7）监督和评估。定期监督和评估薪酬管理的实施效果。这可以通过收集员工反馈、评估薪酬公平性和竞争力，以及与行业标准进行比较来实现。

（8）薪酬调整和优化。根据监督和评估的结果，进行必要的薪酬调整和优化。这可能涉及调整薪酬结构、改进绩效考核和奖励机制，以及对市场竞争力进行分析和调整。

总之，薪酬管理是一个复杂而动态的过程，需要根据组织的需求和环境进行灵活调整。在实施薪酬管理时，关注员工的公平感和激励效果，以及与法律法规的合规性是至关重要的。

第三章 人力资源管理的信息化建设

第一节 人力资源的信息化发展

一、信息化对人力资源的影响

"现阶段由于信息时代的快速发展,进一步促进全球企业人力资源管理开始逐渐进入到全新的时代,无论任何行业都面临着信息化带来的冲击。"[①] 信息化对人力资源的影响主要体现在以下几个方面:

第一,招聘和人才管理。信息化技术使得招聘过程更加高效和精确。通过在线招聘平台和人才管理系统,企业可以更广泛地发布职位信息、筛选简历、进行在线面试和评估,并快速找到合适的候选人。同时,信息化技术还可以帮助企业建立人才数据库,便于人才的积累和管理。

第二,培训和发展。信息化技术为培训和发展提供了更多的可能性。通过网络培训平台和在线学习资源,企业可以为员工提供各种培训课程和学习资源,包括在线培训课程、知识库、视频教程等,使得员工可以随时随地进行学习和提升。此外,信息化技术还可以用于员工绩效评估和职业发展规划,帮助企业更好地管理和发展员工。

第三,绩效管理。信息化技术可以帮助企业建立有效的绩效管理系统。通过绩效管理软件和在线平台,企业可以设定明确的绩效指标,跟踪员工的工作表现,进行绩效评估和奖惩,及时反馈和调整。信息化技术还可以提供数据分析和报告,帮助企业了解员工的绩效情况,优化绩效管理过程,提高工作效率和员工满意度。

第四,员工沟通和参与。信息化技术促进了企业内部员工之间的沟通和参与。企业可以利用电子邮件、企业社交网络、在线会议和协作工具等,打破地域和时间的限制,实现

---

① 余沿橙,李婉君. 信息化人力资源管理在企业管理中的应用困境研究 [J]. 科技风,2023,(11):157.

远程办公和协同工作。此外，企业还可以建立员工反馈和建议系统，通过在线调查和反馈平台收集员工的意见和建议，促进员工参与和共享决策。

总之，信息化对人力资源的影响是全面的，从招聘到培训发展、绩效管理到员工参与，都可以借助信息化技术提高效率、精确度和员工满意度，为企业提供更好的人力资源管理支持。

二、人力资源信息化发展的重要性

人力资源信息化发展具有重要的意义，具体包括以下几个方面。

第一，优化决策支持。人力资源信息化可以提供实时的、准确的数据和报告，帮助管理层更明智的决策。通过收集和分析员工数据，可以了解人力资源的状况、员工绩效和离职率等关键指标，从而为组织的战略规划和人力资源管理提供有效的支持。

第二，加强人力资源管理。信息化系统可以帮助人力资源部门更好地管理员工信息、薪酬福利、绩效评估和培训发展等方面。它可以提供全面的员工档案，跟踪员工的职业发展路径，促进员工的成长和提升，增强员工的工作满意度和忠诚度。

第三，促进组织变革和创新。人力资源信息化可以为组织的变革和创新提供支持。它可以帮助组织更好地管理人才，识别和培养关键人才，促进组织内部的知识共享和协作，从而推动组织的发展和创新能力。

第四，提升员工体验。信息化系统可以提供员工自助服务，使员工能够方便地查看和更新个人信息、申请假期、查阅薪酬福利等。这提高了员工的参与感和满意度，减少了烦琐的人力资源事务处理时间，使员工能够更专注于工作。

总之，人力资源信息化发展可以促进组织的数字化转型，提高工作效率、优化决策支持、加强人力资源管理、促进组织变革和创新，同时提升员工体验和满意度。这对于组织的长期发展和竞争力具有重要的意义。

第二节　人力资源管理的信息技术应用

一、信息技术在人力资源管理中应用的积极作用

"当前随着现代科学技术发展，网络信息技术进步，人类社会迈入大数据时代，大众

日常生活、学习以及工作产生了极大的改变。"① 信息技术保证了人力资源的管理质量，同时也使得管理理念、管理模式更趋于现代化，这是由于信息技术的应用可以有效地突破人工管理模式的滞后性与局限性，加速了企业管理现代化的进程。信息技术在人力资源管理中应用的积极作用如下：

（一）有利于降低管理成本

当前信息技术在各个领域发挥着越来越重要的作用，它不仅提升了管理质量，与之相应的，企业的管理成本也随之得到了有效控制。信息技术以其独特的数据分析、总结优势，能够为人力资源管理提供更多有参考性的信息，避免在人力资源管理中出现疏漏与失误。而人力资源效率与质量的提升，也意味着能够以最少的人力投入获得更大的产出，这是企业良好经济效益实现的前提。除此之外，信息技术在人力资源管理中的应用，有效地提升了人力资源管理的透明度，能够利用信息技术优势将一些相关的招聘、晋升、管理政策及时公布，便于接受监督，有效地避免了暗箱操作，为企业更好的生存与发展争取更加广阔的空间。

总之，人力资源管理质量的优劣关系到企业可持续发展目标的实现，在信息化时代背景下，应用信息技术加强人力资源管理过程的优化，切实提升人力资源管理质量和效率已是大势所趋。除了应用先进的信息手段之外，还要积极转变人力资源的管理思路、优化人力资源管理制度，对困扰和阻碍人力资源管理的因素进行改革和完善，不断创新人力资源管理路径，将人力资源管理的效用充分、高效地发挥出来，做好人力资源的储备、输出与利用，促进人力资源管理再上新台阶。

（二）有利于提升管理效率

人力资源管理虽然具有一定的复杂性，但同时也具有一定的重复性特征。人员的流动过程周而复始，每个阶段、不同时期都会产生大量的人力流动需求，尤其是在人力资源管理中，必然反复面临的人才储备、人才教育培训、分配、管理等程序，所以说人力资源管理的程序烦琐，而且工作量极大。同时，人力资源管理部门还与相关的人力使用部门、财务管理部门、后勤部门等往来密切，时常需要就某个数据或是问题进行反复的沟通、确认，过程十分烦琐，这就导致人力资源管理的日常工作量大，且容易由于人为的因素出现疏漏。在信息技术问世之前，人力资源管理的沟通环节，都是面对面的反复沟通、确认，

---

① 许旭. 大数据时代企业人力资源管理变革策略的分析 [J]. 老字号品牌营销, 2022, (06): 156.

以及就各项信息进行审批，人力资源部门的工作越做越多，效率得不到提升。而信息技术在人力资源管理中的应用，一方面使得沟通渠道变得十分便捷、畅通，利用平台或是软件可以实现实时沟通、确认，而且对于相关凭证的保存、利用更加高效，大大地节省了往来沟通、确认的时间；另一方面，在一些报表或是数据的汇总以及分析上，信息技术更是具有无可比拟的优势，通过人力资源管理系统的相关模块可以对各种报表以及数据进行批量化的管理和分析，显著地提升了人力资源管理的效率。

（三）有利于提升管理质量

人力资源的管理是企业经营管理中的重要一环，也是一项系统性的工程，牵涉到人员的招聘、培训、入职、升职、离职、考核等多个环节，而每一个环节的变动必然延伸出大量的人力管理信息更新需求。在传统模式下，这些信息都是依靠人工更新。

信息技术在人力资源上的应用。可以利用信息技术进行人力档案管理，为人力档案资源的收集、整理、管理、利用开辟新路径。利用信息技术，比如大数据技术建立起数字化的人力档案管理系统，能够很好地突破传统人工管理模式的封闭性与滞后性，不仅能够显著的增强管理效果，而且可以在短时间内迅速提取各部门所需的人力资源信息，加快人力资源档案的利用率，提升人力资源档案管理的成效，使得人力资源的档案管理更加优质与高效。通过人力资源信息化管理系统的应用，就能够将企业内人员流动、管理、升迁等各个过程、各个环节的变化进行精准的跟踪与定位，不仅能避免传统人工管理模式下容易出现的错漏问题，以及暗箱操作问题，同时还能够显著地提升人力资源管理的质量。

二、人力资源管理中常见信息技术类型及其应用

（一）计算机技术

计算机技术是人力资源管理中常见的一种技术，包括计算机硬件和软件的应用，用于处理和管理人力资源相关的数据和信息。

1. 计算机技术的特点与构成

计算机技术是现代人力资源管理中不可或缺的一部分。它涵盖了系统技术、器件技术、部件技术和组装技术等多个方面。这些技术的不断发展和创新为人力资源管理提供了更加高效和智能的解决方案。

（1）计算机技术的特点。

计算机技术的特点是其广泛性、高效性、可编程性和自动化性。计算机技术的快速发

展和普及使其成为现代社会不可或缺的一部分。以下是对计算机技术特点的扩写，以更加详细地阐述其重要性和应用。

第一，计算机技术的广泛性体现在其应用范围的广泛性上。无论是在科学研究、工业生产、商业管理还是个人娱乐等领域，计算机技术都扮演着重要角色。计算机技术不仅可以用于大规模数据的处理和存储，还可以实现图像处理、语音识别、人工智能等高级功能。无论是大型企业还是普通家庭，计算机技术都能为其提供强大的支持和便利。

第二，计算机技术的高效性是其重要特点之一。计算机能够以极快的速度进行数据的处理和运算，大大提高了工作效率和生产力。通过计算机技术，人们可以在短时间内完成复杂的任务和运算，减少了人力和时间的浪费。计算机技术的高效性为科学研究、工程设计、商业决策等提供了有力的工具和手段。

第三，计算机技术的可编程性使其具备了灵活性和适应性。计算机可以根据用户的需要进行程序的设计和编写，实现不同功能的应用。无论是编写一个简单的计算器程序还是复杂的操作系统，计算机技术都能够满足不同需求。计算机的可编程性使其成为一个强大的工具，可以应对不断变化和不同领域的需求。

第四，计算机技术的自动化性是其独特的特点之一。通过计算机技术，许多烦琐的、重复性的任务可以被自动化完成，减轻了人们的负担。例如，在工业生产中，计算机控制系统可以自动完成各种生产过程，提高了生产效率和产品质量。在家庭生活中，智能家居系统可以自动调节温度、照明等，提供更加便捷的生活方式。计算机技术的自动化性为人们创造了更多的自由时间和更好的生活质量。

总之，计算机技术的广泛性、高效性、可编程性和自动化性使其成为现代社会不可或缺的一部分。计算机技术的应用范围广泛，能够提高工作效率、解决复杂问题，并为人们的生活带来便利和改变。随着科技的不断发展，计算机技术将在推动社会进步和人类发展中发挥更重要的作用。

（2）计算机技术的构成。

第一，系统技术。系统技术是计算机技术的核心。计算机系统包括硬件和软件两个方面。硬件部分主要由中央处理器、内存、硬盘等组成，而软件部分则包括操作系统和各种应用软件。系统技术的发展使得计算机能够更加稳定和高效地运行，提供更多的功能和服务。

第二，器件技术。器件技术是构成计算机的基本元件。例如，集成电路、处理器、存储器、显示器等都是计算机器件技术的代表。随着科技的进步，器件技术不断创新和提升，使得计算机的性能和功能得以提高。

第三，部件技术。部件技术是指计算机系统中的各个组成部分，如主板、显卡、声卡、网卡等。这些部件通过相互连接和配合，构成一个完整的计算机系统。部件技术的进步使得计算机的性能得以提升，并且为不同需求提供了更多的选择。

第四，组装技术。组装技术是将不同的计算机部件组合在一起，构建出完整的计算机系统的过程。组装技术需要对计算机硬件有深入的了解，包括连接方式、安装过程等。合理的组装技术可以保证计算机系统的稳定性和性能强大。

计算机技术的不断进步和创新，使得人力资源管理在信息化时代得以快速发展。计算机技术的构成包括系统技术、器件技术、部件技术和组装技术，它们相互支持和促进，为人力资源管理提供了强大的工具和平台。通过计算机技术的应用，企业可以更加高效地招聘人才、管理员工、进行培训和绩效评估等工作。计算机技术的发展将继续推动人力资源管理向着智能化、数字化的方向发展，为企业创造更大的竞争优势。

2. 计算机技术对人力资源管理的影响及其应用

随着计算机技术的迅猛发展，人力资源管理领域也面临了前所未有的变革。计算机技术的应用为人力资源管理带来了许多创新和改进，极大地提高了管理效率和决策质量。以下将详细探讨计算机技术对人力资源管理的影响。

（1）计算机技术的应用使得人力资源管理过程更加高效和便捷。通过使用计算机软件和数据库，人力资源部门可以更轻松地管理员工信息、薪资福利、绩效评估和培训记录等重要数据。这使得人力资源专业人员能够更快速地获取和分析数据，从而提高管理效率和减少人力资源管理的工作量。

（2）计算机技术的应用使得人力资源管理更加科学化和精细化。通过数据分析和人工智能技术，人力资源部门可以更好地理解和预测员工行为和需求。例如，利用数据分析和机器学习算法，可以对员工的绩效进行评估和预测，为公司提供关键的人力资源决策支持。同时，计算机技术还可以帮助人力资源部门优化招聘和选拔过程，通过智能化的筛选和推荐系统，更精准地匹配人才需求和职位要求。

（3）计算机技术的应用还促进了人力资源管理的全球化和数字化发展。随着互联网和在线协作工具的普及，人力资源部门可以跨越地域和时区，更好地管理全球化的人才和团队。远程办公、在线培训和数字化沟通工具使得人力资源管理变得更加灵活和便捷，同时也促进了员工的协作和沟通。

总之，计算机技术对人力资源管理的影响是积极而深远的。它提供了更高效和精确的管理工具，促进了科学化和数字化的发展，同时也带来了一些挑战和风险。人力资源部门应积极采纳和应用计算机技术，充分发挥其在提高管理效率、优化人力资源决策和促进全球化合作方面的优势，从而更好地适应快速变化的商业环境。

（二）互联网技术

互联网技术是指在计算机技术的基础上开发建立的一种信息技术。互联网技术的普遍应用，是进入信息社会的标志。

1. 互联网技术的特点与构成

（1）互联网技术的特点。

第一，全球性。互联网是一个全球性的网络，连接了世界各地的计算机和设备。它没有地理界限，可以在世界各地进行信息交流和资源共享。

第二，去中心化。互联网的设计理念是去中心化的，没有单一的中央控制点。它由许多互联网服务提供商、网络运营商和用户组成，彼此连接并共同构成了互联网。

第三，开放性。互联网采用开放的标准和协议，使得不同的系统和设备可以互相通信和交互。这种开放性促进了创新和合作，使得任何人都能够开发和提供互联网应用和服务。

第四，可扩展性。互联网具有良好的可扩展性，可以支持大规模的用户和设备连接。随着互联网的发展，它能够适应不断增长的用户数量和日益复杂的应用需求。

第五，信息共享。互联网使得信息的传播和共享变得更加容易和快速。人们可以通过互联网获取和分享各种形式的信息，包括文本、图像、音频和视频等。

第六，实时性。互联网技术可以实现实时的通信和交互。人们可以通过互联网即时发送消息、进行语音和视频通话，实现实时的远程协作和交流。

第七，多媒体支持。互联网支持多种多媒体内容的传输和展示。人们可以通过互联网观看在线视频、听取音乐、浏览图片等，丰富了娱乐和学习的方式。

第八，安全性挑战。互联网的开放性和全球性也带来了安全性挑战。网络安全成为一个重要的问题，需要采取措施保护用户的隐私和数据安全，防止网络攻击和信息泄露。这些特点使得互联网成为一个强大的工具和平台，推动了信息社会的发展，改变了人们的生活和工作方式。

（2）互联网技术的构成。

互联网技术是指一系列的技术和协议，使得全球范围内的计算机网络能够互相连接和交流。互联网的构成主要包括以下几个方面。

第一，互联网的核心技术是TCP/IP协议。TCP/IP协议是互联网通信的基础，它将数据分割成小的数据包，并通过网络传输到目标地址。TCP（传输控制协议）负责保证数据的可靠传输，而IP（Internet协议）则负责将数据包送达目标地址。

第二，互联网还包括域名系统。域名系统是互联网中用于解析域名和IP地址之间对应关系的系统。通过DNS，用户可以通过域名访问网站，而不需要记住复杂的IP地址。

第三，互联网还包括万维网。万维网是一种通过超文本链接将信息连接起来的系统。它由网页组成，每个网页可以包含文本、图片、视频等多种媒体形式。用户可以通过浏览器访问网页，并通过超链接在不同网页之间跳转。

第四，互联网技术中的安全机制也非常重要。为了保护用户的隐私和数据安全，互联网引入了各种加密和认证技术，如SSL（安全套接层）和数字证书。这些技术可以确保在互联网上进行的通信和交易是安全可靠的。

第五，互联网还依赖于各种硬件设备和基础设施。这包括计算机、路由器、交换机、光纤等网络设备，以及互联网服务提供商和数据中心等基础设施。

总之，互联网技术的构成涵盖了网络协议、域名系统、万维网、安全机制以及相关的硬件设备和基础设施。这些技术的相互配合和发展推动了互联网的快速发展和广泛应用。

2. 互联网技术对人力资源管理的影响及其应用

随着互联网技术的快速发展和广泛应用，人力资源管理领域也面临着巨大的变革和挑战。互联网技术对人力资源管理带来了许多积极的影响，改变了传统的管理方式和流程，并提供了更高效、更灵活的解决方案。

（1）互联网技术加强了人力资源信息的管理和共享。互联网技术通过电子化和自动化的方式，使得这些信息可以更加高效地收集、存储和共享。企业可以通过人力资源管理系统将各项数据集中管理，实现信息的实时更新和快速查询，提高了工作效率和决策的准确性。

（2）互联网技术改变了招聘和人才管理的方式。互联网技术使得招聘过程变得更加广泛和便捷。企业可以通过在线招聘平台发布职位信息，吸引更多的求职者。同时，借助人才管理软件，企业可以更好地跟踪和管理候选人的信息，提高招聘的效率和准确性。此外，互联网技术也促进了全球范围内的人才招聘和跨国企业的组织管理。

（3）互联网技术为员工培训和发展提供了更多的机会和资源。通过在线学习平台和远程培训课程，员工可以随时随地获取知识和技能的培训。互联网技术还提供了社交学习的机会，员工可以通过在线社区和合作工具与同事交流和分享经验，促进团队合作和学习氛围的形成。这种便捷的培训方式不仅提高了员工的专业能力，也提升了企业的竞争力。

（4）互联网技术改变了企业内部沟通和协作的方式。互联网技术引入了诸如电子邮件、即时通信和协作平台等工具，使得企业内部沟通更加高效便捷。员工可以通过视频会议和远程协作工具实现跨地域的合作，促进团队协作和信息共享，提高工作效率和创新能力。

总之，互联网技术对人力资源管理产生了深远的影响。它改变了信息管理、招聘和人才管理、培训发展以及内部沟通协作的方式。尽管存在一些挑战，但互联网技术为人力资源管理提供了更多的机会和解决方案，为企业的发展和竞争力提供了重要支持。随着互联网技术的不断进步，人力资源管理将继续受到其积极影响，并迎来更多的创新和发展。

(三) 物联网技术

物联网技术起源于传媒领域，是信息科技产业的第三次革命。物联网是指通过信息传感设备，按约定的协议，将任何物体与网络相连接，物体通过信息传播媒介进行信息交换和通信，以实现智能化识别、定位、跟踪、监管等功能。

1. 物联网技术的特点与构成

(1) 物联网技术的特点。

第一，互联性。物联网技术通过网络连接不同的物理设备，使它们之间实现互通和相互交流。无论是传感器、智能设备还是传统设备，都可以通过物联网技术进行连接和数据交换，实现全面的互联性。

第二，智能化。物联网技术通过感知和收集物理设备的数据，利用数据分析和人工智能等技术对数据进行处理和解读，从而实现对设备的智能化管理和控制。通过智能算法和决策系统，物联网技术可以自动化地监测、分析和响应设备的状态和环境变化，提供智能化的决策支持。

第三，实时性。物联网技术能够实时地获取和传输设备的数据。传感器和物联网设备可以持续地感知和收集环境和设备的数据，并通过互联网实时传输到管理平台或其他应用系统中进行处理和分析。这种实时性使得物联网技术能够快速响应和处理设备的状态变化和事件。

第四，大规模连接。物联网技术可以实现大规模设备的连接和管理。传统的物理设备通常需要人工干预和管理，而物联网技术可以通过网络连接和远程管理大量的设备，实现集中化的监控和控制。这种大规模连接和管理能力为企业和组织提供了更高效和可扩展的解决方案。

第五，安全性。物联网技术对设备和数据的安全性提出了更高的要求。由于物联网技术涉及大量的设备和数据传输，安全性成为一个重要的考虑因素。物联网技术需要采取相应的安全措施，包括身份验证、数据加密、访问控制等，以确保设备和数据的安全性和隐私保护。

总之，物联网技术以互联性、智能化、实时性、大规模连接和安全性为特点，通过将物理设备连接起来并实现数据的互通和智能化管理，为各行各业带来了更高效、智能和可持续的解决方案。随着技术的不断发展，物联网技术将在各个领域中发挥越来越重要的作用。

2. 物联网技术对人力资源管理的影响及其应用

（1）物联网技术为人力资源管理提供了更加高效和智能化的工具。通过物联网技术，人力资源部门可以实时获取员工的工作数据和绩效指标，从而更好地评估员工的工作表现，并作出更准确的决策。例如，可以使用传感器监测员工的工作环境，包括温度、湿度和光照等因素，以提高员工的工作效率和舒适度。此外，物联网技术还可以通过智能设备和传感器来跟踪员工的位置和活动，以便更好地管理工作流程和资源分配。

（2）物联网技术为人力资源管理带来了更加灵活和便捷的工作方式。随着物联网设备的普及，员工可以通过移动设备远程连接到工作场所的系统和网络，实现灵活的远程办公。这种灵活性使得员工能够更好地平衡工作和生活，提高工作满意度和员工保留率。同时，物联网技术还可以为人力资源管理提供在线培训和学习的机会，通过虚拟培训平台和远程教育系统，员工可以随时随地进行学习和提升自己的技能。

总之，物联网技术对人力资源管理产生了广泛的影响。它为人力资源管理带来了高效、智能、灵活和便捷的工具和方式，提升了员工的工作效率和满意度。然而，在物联网环境下，人力资源管理部门也需要面对数据安全和隐私问题以及技术能力的挑战。随着物联网技术的不断发展，人力资源管理将进一步借助这项技术实现创新和转型，以适应未来的发展需求。

（四）5G通信技术

第五代移动通信技术（5th Generation Mobile Communication Technology，简称5G）是具有高速率、低时延和大连接特点的新一代宽带移动通信技术，是实现人机物互联的网络基础设施。

1. 5G通信技术的特点与构成

（1）5G通信技术的特点。

第一，高速率。5G通信技术能够提供更高的数据传输速率。这意味着用户可以更快地下载和上传大型文件，享受更流畅的高清视频和虚拟现实体验。

第二，低延迟。5G 技术具备极低的传输延迟，通常在毫秒级别。这种低延迟的特点对许多应用场景至关重要，如自动驾驶、远程手术、智能工厂等。低延迟使得实时交互更加可行，提供了更高效、更可靠的通信体验。

第三，大连接密度。5G 网络能够支持大规模的设备连接。与之前的技术相比，5G 网络可以同时连接更多的设备，每平方千米可支持数十万个设备的连接，这对于物联网应用和大规模传感器网络具有重要意义。

第四，大带宽。5G 网络提供更大的频谱带宽，可以支持更多的用户和设备同时进行高速数据传输。这意味着更多的用户可以在同一时间和空间内享受高速网络连接，解决了 4G 网络中用户密集区域出现的网络拥塞问题。

第五，网络切片。5G 技术引入了网络切片的概念，将网络资源划分为多个独立的逻辑网络，以满足不同应用场景的需求。通过网络切片，5G 网络可以为不同的垂直行业提供定制化的网络服务，提高了网络的灵活性和适应性。

第六，超大规模部署。5G 通信技术将以更大的规模进行部署，覆盖范围更广，包括城市、乡村、交通工具等多个领域。这将带来更广泛的无线网络覆盖，为用户提供无缝的连接体验。

总之，5G 通信技术的特点包括高速率、低延迟、大连接密度、大带宽、网络切片和超大规模部署。这些特点将为人们的日常生活、工作和各行各业带来更快速、更可靠的无线通信服务，并推动了物联网、智能城市、自动驾驶等领域的发展。

（2）5G 通信技术的构成。

第一，物理设备。物联网的核心是物理设备，包括传感器、执行器、嵌入式系统等。这些设备能够感知和采集环境中的数据，并根据需要执行相应的操作。

第二，通信网络。物联网需要建立一个可靠的通信网络来连接各种物理设备。这些网络可以是有线网络（如以太网、局域网）或无线网络（如 Wi-Fi、蓝牙、Zigbee[①] 等），还可以利用移动通信网络（如 4G、5G）实现远程通信。

第三，数据存储和处理。物联网生成的数据量庞大，需要进行有效的存储和处理。云计算技术提供了强大的存储和计算能力，可以存储和处理物联网产生的海量数据，并提供相应的分析和应用服务。

第四，应用和服务。物联网的最终目的是为人们提供各种智能化的应用和服务。这些

[①] ZigBee 技术是一种短距离、低功耗的无线通信技术。其特点是近距离、低复杂度、自组织、低功耗、低数据速率。主要适合用于自动控制和远程控制领域，可以嵌入各种设备。

应用可以涵盖各个领域,如智能家居、智能交通、智慧医疗等,通过物联网技术实现设备之间的互联互通,提供更加便捷和智能化的生活和工作方式。

2. 5G通信技术对人力资源管理的影响及其应用

5G通信技术作为一项颠覆性的技术革新,对各个行业都带来了深远的影响。5G通信技术的特点为人力资源管理带来了许多新机遇和挑战,使其人力资源管理也随之发生了重要变革。

(1) 5G通信技术提供了更高速率和更低延迟的通信能力。这使得人力资源管理部门能够更快速、更实时地处理和共享大量的数据信息。例如,人力资源管理系统可以通过高速率的数据传输实时更新员工档案、薪酬福利等信息,提供更准确和及时的决策支持。同时,低延迟的特性也使得在线视频面试和远程培训成为可能,加快了招聘和培训流程,节省了时间和成本。

(2) 5G通信技术的大连接密度能够支持更多设备的同时连接。在人力资源管理中,大量的传感器和智能设备可以实时收集员工的工作数据和行为信息。通过5G网络,这些设备可以高效地连接和传输数据,为人力资源管理提供更全面的数据支持。例如,人力资源管理可以利用传感器监测员工的工作环境和健康状况,为员工提供更好的工作条件和福利保障,提高员工的满意度和工作效率。

(3) 5G通信技术的大带宽和网络切片能力使得人力资源管理可以定制化网络服务。根据不同的需求,人力资源管理部门可以利用网络切片将网络资源分配给不同的应用场景和业务需求。例如,可以为在线培训和远程办公提供高带宽的网络切片,保证流畅的视频会议和文件传输。同时,对于安全性要求较高的人事数据传输和保密信息存储,可以划分专用的网络切片,确保数据的安全性和隐私保护。

总之,5G通信技术对人力资源管理产生了深远的影响。它提供了更快速、更实时的数据传输和处理能力,使得人力资源管理部门能够更高效地进行招聘、培训和绩效评估等工作。然而,人力资源管理也需要面对网络安全和隐私保护等挑战,同时需要积极应对基础设施建设和技术投资的需求。通过充分利用5G通信技术的优势和应对相关挑战,人力资源管理可以迎接新的机遇,并实现更高效、更智能的管理方式。

(五) 大数据技术

大数据技术是指一系列用于处理、存储和分析大规模、高速产生的数据的技术和方法。它涵盖了多个方面,包括数据收集、数据存储、数据处理、数据分析和数据可视化等环节。大数据技术的目标是从海量的、多样化的数据中提取有价值的信息和洞见,以支持决策制定、业务优化、创新发展等方面的需求。

1. 大数据技术的特点与构成

(1) 大数据技术的特点。

第一，数据量大。大数据技术处理的数据规模庞大，涉及海量的数据。这些数据可以来自各种来源，包括传感器、社交媒体、日志文件等。与传统的数据处理方法相比，大数据技术能够处理以往难以想象的庞大数据集，挖掘其中的价值和洞见。

第二，速度快。大数据技术要求对数据进行高速处理和分析。它能够在实时或近实时的情况下对数据进行快速的处理，以便及时提取有用的信息和知识。这对于需要快速决策和实时响应的场景尤为重要，如金融交易、在线广告等领域。

第三，多样性。大数据技术可以处理多种类型和格式的数据。除了结构化数据（如关系型数据库中的表格数据）外，它还可以处理半结构化数据（如 XML 文件）和非结构化数据（如文本、图像、音频和视频等）。这种能力使得大数据技术能够处理更加丰富和复杂的数据，从中提取更全面的信息。

第四，高价值。大数据技术的目标是从大规模的数据中提取有价值的信息和洞见。通过对数据进行分析和挖掘，可以发现隐藏在数据中的模式、趋势和关联性，从而支持决策和创新。大数据技术能够帮助企业识别新的商机、改进运营效率、提升用户体验等，为企业创造更大的价值。

第五，精确性。大数据技术在处理数据时追求高度的准确性和精确性。它利用统计分析和机器学习算法等方法，通过大规模数据的分析来消除噪音和误差，提高数据分析的准确性。这使得决策者可以更可靠地基于数据进行决策，减少主观偏见和风险。

第六，可扩展性。大数据技术能够处理不断增长的数据规模和复杂度。它使用分布式计算和存储架构，可以水平扩展以处理大规模的数据集。这使得大数据技术能够适应不断增长的数据需求，并提供高性能和可靠的数据处理和分析服务。总之，大数据技术具有数据量大、速度快、多样性、高价值、精确性和可扩展性等特点。这些特点使得大数据技术在各个领域都具有重要的应用价值，并对企业决策、创新和竞争力产生积极的影响。

(2) 大数据技术的构成。

大数据技术是处理和分析海量、复杂数据的一套方法和工具。大数据技术的构成主要包括以下几个方面：

第一，数据采集和存储。大数据技术需要能够高效地采集和存储海量的数据。这包括各种数据源，如传感器数据、社交媒体数据、日志数据等。数据存储可以使用分布式文件系统或分布式数据库。

第二，数据处理和分析。大数据技术需要能够对大规模的数据进行高效的处理和分析。这包括数据清洗、数据集成、数据挖掘、机器学习等技术，以从数据中提取有价值的信息和知识。

第三，分布式计算。大数据处理通常需要分布式计算的支持。通过将数据分割成小块，并在多台计算机上进行并行处理，可以提高处理速度和效率。

第四，数据可视化。大数据技术需要能够将处理和分析后的结果以可视化的方式呈现，以帮助用户理解和发现数据中的模式和趋势。数据可视化工具可以生成各种图表、图形和仪表板。

第五，数据安全和隐私保护。由于大数据涉及大量敏感和个人信息，数据安全和隐私保护是非常重要的。大数据技术需要采取安全措施，如数据加密、访问控制和隐私保护算法等，以确保数据的安全性和隐私性。

2. 大数据技术对人力资源管理的影响及其应用

大数据技术促进了人力资源管理工具的多样化。企业人力资源管理人员在进行相关管理工作时，可以通过大数据的相关功能建立内部联系，完善与优化管理体系，制定合理有效的目标，有效地配置企业人力资源。因此，大数据为企业人力资源管理提供了一种新的工具。

大数据下的员工招募是将企业战略与大数据结合起来，通过客观数据的评估来判断企业的实际用人需求。大数据技术下的人力资源管理呈现个体性而非群体性，因员工的个人特征、岗位需求等方面的差异，员工目标往往也是多元化的。大数据的使用使企业可以从海量数据中发现行业发展的趋势，同时还能从结构性失业率与跳槽频率中获得员工大数据，实现企业人力资源的事前管理。这种管理方式相比传统的职位管理，前者主动，后者被动。

大数据背景下企业人力资源管理的方向如下：

第一，创新的人力资源配置理念。在大数据技术广泛应用的背景下，企业人力资源管理需要适应外部环境的变化。管理人员需要与时俱进，改变传统观念，正确理解大数据时代人力资源管理面临的挑战，创新管理方式和理念。大数据技术极大地推动人力资源商务智能的发展，它利用商务智能来处理人力资源数据并提供决策支持，以帮助人力资源经理作出科学决策。人力资源经理应该创新思维方式，把握时代发展的脉搏，以长远的眼光，为各个部门提供人才支持。

第二，优化人力资源配置策略。在重大技术转型期，企业存在巨大的人才缺口和发展机会。①大数据时代将会产生一些新的工作岗位，因此，有必要引入新的职位，并定义特定职位和职能之间的相互作用。②使用大数据系统分析数据。企业人力资源可以充分利用这一优势，从海量数据中提取有用的信息以提高业务效率。

基于大数据技术对企业人力资源管理的重要影响，企业急需对传统人力资源管理模式进行变革，在战略决策、员工管理等领域充分应用大数据技术，以更好地抓住机遇、应对挑战。

（六）人工智能技术

人工智能技术是指一类模拟、模仿和扩展人类智能的技术和方法。它旨在使计算机系统能够执行类似于人类智能的任务，如理解、学习、推理、决策、感知、语言交流等。人工智能技术结合了多个学科领域，如计算机科学、机器学习、统计学、认知科学等，以开发智能系统和解决复杂问题。

1. 人工智能技术的特点与构成

（1）人工智能技术的特点。

人工智能技术是一种模拟、模仿和扩展人类智能的技术和方法。它具有以下几个显著特点，使其在各个领域都具备广泛的应用潜力。

第一，人工智能技术具有自主性和自适应性。通过机器学习和深度学习等方法，人工智能系统能够从大量的数据中学习和改进，逐渐提高自身的性能和准确性。它能够根据不断变化的环境和任务需求，自主地调整和优化自己的行为和决策，具备一定的自适应能力。

第二，人工智能技术能够处理和分析大规模、复杂的数据。随着互联网、物联网等技术的普及，大量的数据被生成和积累。人工智能技术利用高效的算法和计算能力，能够处理和分析这些数据，从中提取有价值的信息和知识。它能够发现数据中的模式、趋势和关联性，帮助人们作出更准确的决策和预测。

第三，人工智能技术具备学习和智能化的能力。它能够识别和理解复杂的模式和特征，具备类似人类的认知和推理能力。这使得人工智能系统能够处理更加复杂和抽象的任务，如图像识别、自然语言处理和自主决策等。

第四，人工智能技术还具备高效性和可扩展性。通过优化算法和并行计算等技术，人工智能系统能够在较短的时间内完成复杂的计算和任务。同时，人工智能技术还可以进行水平扩展，利用分布式计算和云计算等技术，处理大规模的数据和并发请求，提供高性能的计算和服务。

第五，人工智能技术也面临一些挑战和限制。例如，人工智能系统的透明性和可解释性较差，导致其决策过程难以理解和解释。此外，人工智能技术还涉及伦理、隐私和安全等问题，需要综合考虑和解决。

总之，人工智能技术的特点包括自主性和自适应性、处理和分析大规模复杂数据的能力、学习和智能化的能力，以及高效性和可扩展性。这些特点使得人工智能技术在各个领域都具备广泛的应用前景。随着技术的不断发展和完善，人工智能技术将在未来发挥越来越重要的作用。

（2）人工智能技术的构成。

第一，机器学习。机器学习是人工智能的核心技术之一。通过训练模型，使计算机能够从数据中学习和识别模式，并作出预测和决策。常用的机器学习算法包括决策树、支持向量机、神经网络等。

第二，自然语言处理。自然语言处理使计算机能够理解和处理自然语言文本。它包括语音识别、语义理解、机器翻译等技术，使计算机能够与人类进行自然的交流和理解。

第三，计算机视觉。计算机视觉使计算机能够理解和处理图像和视频数据。它包括图像识别、目标检测、图像生成等技术，使计算机能够看懂图像，并从中提取有用的信息。

第四，智能决策和推理。人工智能技术使计算机能够进行智能决策和推理。它包括专家系统、规则推理、强化学习等技术，使计算机能够模拟人类的思维过程，并作出合理的决策。

第五，自主机器人。自主机器人是人工智能技术的一个重要应用领域。它包括感知、控制、路径规划等技术，使机器人能够自主地感知环境、执行任务和与人类进行交互。

2. 人工智能技术对人力资源管理的影响及其应用

人工智能技术是近年来快速发展的一项重要技术领域，对各个行业和领域都产生了深远的影响。人力资源管理是组织中负责管理和开发人力资源的重要职能，它涵盖了招聘、培训、绩效评估、员工关系和人才发展等方面。而人工智能技术的引入为人力资源管理带来了新的机遇和挑战。

（1）人工智能技术对招聘流程的影响不可忽视。人工智能可以通过分析候选人的语音和面部表情等信息，辅助评估候选人的能力和适应性。

（2）人工智能技术在培训和发展方面发挥着重要作用。人工智能技术可以提供在线学习和个性化的培训体验。基于人工智能的智能学习系统能够根据员工的学习需求和进度，提供个性化的学习内容和反馈。此外，人工智能还可以通过数据分析和预测，帮助人力资源部门确定培训需求和制订有效的培训计划。

（3）人工智能技术对绩效评估和员工管理也带来了新的思路。人工智能技术可以通过数据分析和模型建立，客观地评估员工的绩效，并提供基于数据的反馈和改进建议。此外，人工智能技术还可以通过智能助理系统，帮助员工管理工作任务、提醒工作进度和支持决策等，提升员工的工作效率和满意度。

总之，人工智能技术对人力资源管理产生了深远的影响。它改变了招聘流程、提升了培训和发展的效果、改进了绩效评估和员工管理等方面。然而，在应用人工智能技术时，需要平衡技术的利益与员工的关切，确保技术的合理应用，并关注数据隐私和员工关怀等问题，以实现人工智能技术对人力资源管理的最佳效果。

（七）虚拟技术

虚拟技术是指通过计算机和相关技术模拟和创建虚拟环境或虚拟对象的技术。它利用计算机图形学、传感器、人机交互等技术，将用户从真实的物理环境中带入虚拟的数字世界，使用户能够与虚拟环境或虚拟对象进行交互和体验。

1. 虚拟技术的类型

（1）虚拟现实（Virtual Reality，VR）。虚拟现实技术通过戴上头戴式显示器等设备，使用户身临其境地感受虚拟环境。用户可以通过头部追踪和手柄等交互设备来与虚拟环境进行互动，例如探索虚拟空间、参与虚拟游戏或进行虚拟培训等。

（2）增强现实（Augmented Reality，AR）。增强现实技术通过手机、平板电脑或智能眼镜等设备，将虚拟的数字内容叠加在真实世界中，使用户能够在真实环境中看到虚拟对象。用户可以通过设备的摄像头捕捉真实场景，并在显示屏上显示虚拟对象，实现真实与虚拟的融合。

（3）混合现实（Mixed Reality，MR）。混合现实技术是增强现实和虚拟现实的结合，旨在实现真实世界与虚拟内容的无缝融合。它通过智能眼镜等设备，将虚拟对象与真实场景进行交互，使用户能够在真实环境中与虚拟对象进行实时互动和操作。

2. 虚拟技术的特点

（1）沉浸式体验。虚拟技术能够提供身临其境的感觉，让用户感觉自己完全融入虚拟环境中，与虚拟对象进行交互。这种沉浸式的体验能够带来更加逼真和令人兴奋的感觉。

（2）交互性。虚拟技术使用户能够与虚拟环境或虚拟对象进行实时的互动和操作。用户可以使用手柄、触摸屏、语音命令等交互设备来与虚拟世界进行沟通和控制，增强了用户与虚拟内容之间的互动性。

（3）可视化和模拟性。虚拟技术能够将抽象的概念和信息以可视化的方式呈现出来，使用户更容易理解和掌握。同时，虚拟技术还可以模拟真实环境中的各种场景和情境，使用户能够在虚拟环境中进行实践和训练，提高学习和技能的效果。

（4）多领域应用。虚拟技术在各个领域都有广泛的应用。在游戏和娱乐领域，虚拟技术能够提供更加沉浸式和真实的游戏体验；在教育和培训领域，虚拟技术能够创造出模拟的学习环境，提供更加生动和有效的教学方式；在医疗领域，虚拟技术能够用于手术模拟、病例演示和康复训练；等等。

总之，虚拟技术通过模拟和创造虚拟环境或虚拟对象，为用户带来沉浸式的体验和交互性。它在各个领域都具有广泛的应用前景，并为人们提供了全新的学习、娱乐和交流方式。随着技术的不断进步，虚拟技术将继续发展并与其他技术领域相互融合，为人们创造更加丰富和多样化的虚拟体验。

3. 虚拟技术对人力资源管理的影响

虚拟技术的引入为人力资源管理带来了新的机遇和挑战。

（1）虚拟技术对招聘流程的影响不可忽视。传统的招聘方式通常需要面对面的沟通和面试，耗费时间和资源。而虚拟技术可以提供在线招聘的解决方案，通过虚拟面试和在线评估，实现远程招聘的效果。这种方式不仅节省了时间和成本，还可以拓宽招聘范围，吸引更多的候选人参与。

（2）虚拟技术在培训和发展方面也发挥着重要作用。传统的培训方式通常需要员工集中到特定的地点参加培训课程，而虚拟技术可以提供在线学习和虚拟培训的解决方案。通过虚拟培训平台，员工可以根据自身需求和时间安排自主学习，与虚拟教师或虚拟团队进行互动和合作。这种灵活的培训方式不仅提高了培训效果，还降低了培训成本。

（3）虚拟技术对绩效评估和员工管理也产生了影响。传统的绩效评估通常基于主管的主观判断和员工的自我评价，存在一定的主观性和误差。而虚拟技术可以通过数据分析和模拟技术，客观地评估员工的绩效和能力。例如，虚拟仿真可以模拟真实工作场景，评估员工在特定情境下的表现。这种客观的绩效评估方式有助于提高评估的准确性和公正性。

（4）虚拟技术还可以在员工关系方面发挥作用。通过虚拟团队合作平台，员工可以远程协同工作、分享资源和进行交流。虚拟技术可以打破时空限制，促进跨地域和跨部门的合作，增强员工之间的沟通和协作能力。

第三节 人力资源管理信息化建设理论

一、人力资源管理信息化建设的目标

人力资源管理信息化的目标是通过运用信息技术和系统来提高人力资源管理的效率和质量,促进组织的发展和员工的发展。以下是一些常见的人力资源管理信息化目标:

第一,自动化和集成化。实现人力资源管理流程的自动化和集成化,包括招聘、培训、绩效评估、薪酬管理、员工关系等环节,减少人工操作和纸质文档,提高工作效率和准确性。

第二,数据管理和分析。建立和管理员工的信息数据库,包括员工基本信息、工作经历、培训记录、绩效数据等,实现对人力资源数据的有效管理和分析,为决策提供科学依据。

第三,绩效管理。建立绩效管理系统,包括设定目标、绩效评估、激励机制等,通过信息化手段提高绩效管理的公平性和透明度,提升员工的工作动力和满意度。

第四,培训发展。提供在线培训和学习平台,实现培训资源的共享和个性化学习的支持,帮助员工不断学习和提升能力,促进组织的人才储备和绩效提升。

第五,人力资源决策支持。通过数据分析和模拟预测等手段,为人力资源决策提供科学支持,如提高人才需求预测、组织结构调整、人员配置等决策的准确性和效果。

第六,员工自助服务。建立员工自助服务平台,提供员工查询、申请、审批等服务,减轻人力资源管理部门的工作负担,提高员工满意度和参与感。

第七,知识管理。建立知识库和在线社交平台,促进知识共享和沟通交流,提高组织的创新能力和学习能力。

第八,法律合规和安全性。确保人力资源管理信息系统的合法合规,保护员工隐私和数据安全,遵守相关法律法规和政策要求。

这些目标旨在提高人力资源管理的效率、准确性和科学性,提升员工工作体验和组织绩效,推动组织与时俱进、持续发展。

二、人力资源管理信息化建设的任务

人力资源管理信息化的任务是将人力资源管理过程中的各项活动和流程进行数字化、

自动化和集成化，以提高工作效率、数据准确性和决策科学性。以下是一些常见的人力资源管理信息化任务。

第一，系统选择和实施。评估组织的人力资源管理需求，选择适合的人力资源管理信息系统，并进行系统实施和部署。

第二，数据管理和系统集成。建立员工信息数据库，包括基本信息、薪酬信息、绩效数据等，将不同人力资源管理环节的信息进行集成，确保数据的一致性和可靠性。

第三，流程自动化。分析和重新设计人力资源管理流程，将烦琐的、重复性的操作转化为自动化的系统流程，提高工作效率和准确性。

第四，绩效管理系统。建立绩效管理系统，包括设定目标、绩效评估、反馈和激励等环节，实现绩效管理的数字化和自动化。

第五，培训发展平台。建立在线培训和学习平台，提供各类培训资源和学习内容，支持员工的个性化学习和职业发展。

第六，员工自助服务。开发员工自助服务平台，提供员工查询、申请、审批等功能，使员工能够自主处理一些常见的人力资源管理事务，减轻人力资源管理部门的负担。

第七，数据分析和决策支持。利用人力资源管理信息系统中的数据进行分析，为人力资源决策提供科学依据，包括人才需求预测、员工流失率分析、薪酬福利优化等。

第八，安全和合规管理。确保人力资源管理信息系统的安全性，采取必要的安全措施，保护员工的隐私和数据安全，同时遵守相关的法律法规和数据保护政策。

第九，培训和支持。培训人力资源管理团队和员工，使其熟练掌握人力资源管理信息系统的使用方法和技巧，提供系统的技术支持和维护服务。

这些任务需要在组织内部建立跨部门的合作和沟通，以确保信息化项目的顺利实施和运行，并不断优化和改进人力资源管理的效率和质量。

三、人力资源管理信息化建设的原则

人力资源管理信息化建设是一项范围广、投入大、周期长的系统工程，是一项关系人力资源事业发展全局的战略举措，涉及组织结构、管理理念、业务流程甚至企业文化，是各项工作的整合。要成功地实施人力资源管理信息化，必须遵循一定的原则。

（一）循序渐进原则

人力资源管理信息化是贯穿于人力资源管理全过程的动态过程，是一项长期而艰巨的任务。人力资源管理信息化横跨人力资源部、财务部、IT部门等多个部门，涉及诸多技术

要素，需要人力资源从业者具备信息技术背景、项目管理和人力资源管理等综合能力。另外，中国企业的人力资源管理水平参差不齐，各个企业的需求层次也不一样，而丰富的需求又加大了实施人力资源管理信息化的难度。因此，人力资源管理信息化具有挑战性，需要共同努力，既要坚持科学性、适用性，又要兼顾先进性、前瞻性。这就要求人力资源管理信息化建设在总体规划的基础上，循序渐进、量力而行、分步实施，有条不紊地逐步进行和完善。

循序渐进原则即整体规划，分步实施。根据实际和需求，采取渐进式的解决方案，分阶段、分规模、分步骤、分模块进行信息化。可以从使用某一职能模块入手或者选择集成的解决方案。基础好、资金实力强的企业可以一步到位，但对于多数企业来说，还应按功能模块分步实施，根据自身工作的特点和能力，找到信息化的切入点。尤其是中小企业在人力资源管理信息化中应该量力而行，可以先通过建立网站，发布人力资源信息、搜集信息资源。

循序渐进原则要求考虑人力资源管理的需求，重点突破，务求实效。在不同阶段完成不同的任务，逐步完善人力资源管理信息化建设。人力资源管理信息化的初级阶段，主要任务是实现有效人力资源基础管理，建立专门的人事和行政管理团队，对员工和业务团队进行指导，引导员工执行决策层的决定，可选用人力资源管理系统的基本模块，避免在人力资源管理系统上为求完美而花费太多的时间和资金。

人力资源管理信息化的规范化管理阶段，主要任务是规范人力资源管理、优化业务流程，满足灵活的组织架构调整和基础人事事务处理及信息维护需求、薪资管理需求及员工社保福利管理需求。可以通过人力资源系统的标准模块，提供人事、薪资、社保福利等常用报表，提供个性化需要的自定义报表，满足人力资源分析需求。

人力资源管理信息化的高级管理阶段，主要任务是建立人力资源战略管理平台，制定考核和激励体系。这个体系以每个员工的能力素质为基础，以绩效考核任职管理为主要内容，创建由CEO（首席执行官）、人力资源经理、业务经理和员工共同组成的战略人力资源管理平台，将高层的战略目标层层分解到每个部门、每个员工。

（二）电子文件与纸质文件并存原则

在人力资源管理过程中形成了大量的信息，既有纸质文件又有电子文件。随着办公自动化的发展，人力资源电子文件信息越来越多。在很长一段时间内，对企业来说具有很大作用或巨大价值的人力资源文件，在保存电子版的同时也要保存好相应的纸质文件。而且这些电子文件按照一定的依据进行归类，这个依据一般是记录信息的保存价值，同时要保障这些文件的安全性。凡是实现了办公自动化的单位，都要实行电子文件和纸质文件的归档双轨制。人力资源部门要从人力资源管理的特点出发，对单位办公自动化的设计和建设提出人力资源管理和电子文件归档方面的要求，不断完善企业人力资源管理系统的信息化建设，从而以信息化水平的提高推动现代化管理水平的提高。

（三）强化管理与资源共享原则

要想提高企业的人力资源管理水平，信息化技术和手段都是基础，最重要的是要不断提升企业管理人员的素质和能力。在于管理水平能否达到信息化的要求，包括管理理念、管理方法、管理和技术的整合。信息化程度与管理水平是相辅相成的，人力资源管理信息化需要与之相适应的管理，同时信息化又必然能够提高整体管理水平。企业要从信息化建设的全局出发，善于利用和充分发挥出组织部门已经具备的信息资源和网络基础业务系统，并实现信息系统的整合和资源配置，让各个部门和各个单位之间能够共享信息和共建信息。

总体来说，信息化技术和系统在企业人力资源管理中的应用，将对企业现有的人力资源管理方式进行变革。将人力资源管理的相关理论与实践紧密相连，可以推动企业的发展，极大地提高人力资源管理的现代化水平，促进企业的发展。

（四）自助化原则

人力资源管理信息化建设的自助化原则是指在人力资源管理信息化系统的设计和实施过程中，充分发挥自助功能的作用，使员工和管理者能够自主地使用系统，实现自助查询、自助申请、自助审批等操作，从而提高工作效率和管理效果。自助化原则在现代企业的人力资源管理中扮演着重要的角色，它涉及系统设计、用户体验和组织变革等方面。

第一，自助化原则要求人力资源管理信息化系统的界面设计简洁明了、操作简单易懂。通过合理的布局和图形化的界面，使用户能够快速找到需要的功能和信息，并且能够通过简单的步骤完成操作。此外，界面还应具备良好的响应性，能够在用户操作时迅速响应，提高用户体验。

第二，自助化原则要求系统具备完善的查询功能，员工和管理者能够通过系统方便地查询各种人力资源相关的信息。例如，员工可以通过系统查询个人薪资、假期余额、培训记录等信息，而管理者可以查询员工的绩效评估结果、人力资源统计报表等数据。系统应该提供灵活的查询方式，如关键词搜索、筛选条件、图表展示等，以满足不同用户的需求。

第三，自助化原则要求系统支持自助申请和自助审批流程。员工可以通过系统提交请假申请、报销申请、晋升申请等，而管理者可以通过系统进行相应的审批操作。系统应该提供明确的流程和权限设置，确保申请和审批的准确性和规范性。同时，系统应该能够实时跟踪和提醒申请的进度，方便员工和管理者随时了解申请状态。

第四，自助化原则还要求系统具备良好的安全性和数据保护措施。在人力资源管理信息化建设中，涉及大量的敏感信息，如员工个人资料、薪酬数据等。系统应该采用有效的身份验证机制，确保只有授权人员才能访问和操作相关信息。

总之，人力资源管理信息化建设的自助化原则旨在提高工作效率和管理效果，为员工和管理者提供便利和支持。通过合理的系统设计和实施，充分发挥自助功能的作用，可以推动企业的人力资源管理向数字化、智能化的方向发展，提升整体竞争力和创新能力。

四、人力资源管理信息化建设的内容

人力资源信息建设是人力资源管理在未来信息社会中发挥自身优势、实现人力资源信息共享的基石，是人力资源管理信息化的核心内容。

（一）人力资源信息特征与类型

1. 人力资源信息的特征

信息是指人们为了提高适应外部环境的能力，主动与外界接触，在与外部环境交流和沟通之后得到的内容。信息具体反映事物之间的联系、差别和形成过程，事物之间的差异性是信息产生的基础。人力资源信息属于信息的一种，它来源人力资源活动，具有显著的特征和功能。它是人力资源的获取、整合、激励及控制调整的过程中所形成的信息。人力资源信息具有信息的一般共性，也具有不同于其他信息的特殊性。分析研究人力资源信息的特征，有助于加深对人力资源信息本质的认识。

（1）共享性。与社会环境相比，自然环境是人类生存和发展的物质基础，为人类生存和发展提供的材料和资源是有限的，因此这些材料和资源都具有不可再生和不能共享的特点。相反，信息是无限的、可再生的。人力资源信息具有可共享性，在其交换过程中，不仅不会丧失原有信息，而且还可能增值。正是人力资源信息的共享性，使得信息的再利用成为可能，可以根据不同利用者的特定需求进行开发利用。

（2）时效性。人力资源具有使用过程的时效性，即人力资源的形成与使用效率要受其生命周期的限制。时间的变化会导致人们劳动能力的变化。人在少年时是要进行大量的人力资源投资，但是还不具备产出的能力；青壮年时则开始产出，且质和量都在不断地提升；老年时期则会由于人的体力和精力受限而导致产出量的不断缩减，最终所有的劳动能力都会丧失，不再属于人力资源范畴之内了。人力资源具有的使用过程的时效性使人力资源信息具有时效性。这就要求人力资源部门对人力资源信息必须做到适时开发、及时利用、讲究实效，并有效地调整人力资源的投入与产出，最大限度地保证人力资源的产出，延长人力资源发挥作用的时间。人力资源信息开发使用的时间不同，所获效益也不相同。

（3）社会性。人力资源信息和一定的社会环境之间的关系是密不可分的，不管是其形成、配置还是开发和使用过程，都具有社会性。人力资源信息本质上就是一种社会信息资源，是整个社会的一个组成部分。

（4）可开发性。人力资源是可以多次开发的资源。对一个具体的人来讲，他的知识和能力具有可再生性，在职业生涯结束之前，都是可以持续开发的资源。通过培训、积累、创造等过程，实现人们知识、技能的更新与素质的提升，使人的劳动能力持续不断地发展。人力资源信息若不加以开发利用，处于闲置状态，就会逐渐失去利用价值。所以应充分使用已有的人力资源信息，创造出效益。

（5）记录内容广泛性。人力资源信息涉及人力资源管理活动的各个方面，如劳动、工资、保险福利、劳动保护、职工培训等，内容十分广泛。

（6）记录时间经常性。人力资源管理活动是随时进行的，只要有人力资源活动，就有人力资源信息记录。随着时间的推移，形成的人力资源信息越来越多，内容也越来越丰富。

（7）记录项目具体性。人力资源信息是对发生的人力资源管理活动的具体事实所进行的直接记载。

2. 人力资源信息的类型

（1）按照人力资源管理性质，可以划分为①人力资源的工作计划信息。人力资源的工作计划主要指组织内部业务性的人力资源计划。一般包括招聘计划、员工流动计划、员工的培训计划、工资计划等。②工作分析信息。这是对一项工作进行全面分析的评价过程，是一项通过收集岗位信息确定完成各项工作所需技能、责任和知识的系统工程，一般由准备、调查、分析和完成阶段组成。进行工作分析形成的信息有：各种调查问卷和观察提纲、有关工作特征的各种数据、有关工作人员必备的特征方面的信息、工作说明书、工作规范等。它可以帮助人们明确各项工作之间在技术和管理责任等各个方面的关系，消除盲点，减少重复，提高效率。只有运用工作分析信息，才能可靠地确定组织中各种工作之间的关系结构。③工作信息。包括职位头衔、薪金范围、目前空缺的数目、替代的候选人、所需要的资格、流动比率、职业阶梯中的位置。④员工信息。传记性的资料、职业兴趣/

目标、专门化的技能、教育、荣誉和奖励、受聘日期、所获得的津贴、组织中的职位、所拥有的执照和证书、薪金历史、薪金信息、绩效评分、出勤资料、所受培训、扣税信息、以前的工作经验、养老年金缴纳、发展需要、个人特点与执行工作的能力。

（2）按照人力资源信息源的差异，可以划分为：①静态信息。是指经过人的编辑加工并用文字符号或代码记录在一定载体上的人力资源信息。②动态信息。是指直接从个人或实物信息源中发出，且大多尚未用文字符号或代码记录下来的人力资源信息。

（3）按照人力资源信息获取途径的差异，可以划分为：①公开信息。是指来自大众传播媒介、公共信息服务或其他公开渠道的人力资源信息，其传递和利用范围没有限制。②非公开信息。是指来自非公开渠道甚至采取了一定保密措施的人力资源信息，其传递和利用范围较小或受到严格限制。

（4）按照对人力资源信息加工的程度，可以划分为：①一次信息。未经加工的零散的不系统的原始人力资源信息。②二次信息。在一次信息基础上加工而成的人力资源信息。③三次信息。在二次信息的基础上经综合分析形成的深层次人力资源信息。

（二）人力资源信息的获取

1. 人力资源信息获取的方法

（1）观察法。观察者在工作现场通过感觉器官或利用其他工具，观察员工的实际工作运作，用文字或图表形式记录下来，获取工作信息。"科学管理"的观点就是建立在观察计量的实证基础之上。观察法能观察、记录、核实工作负荷及工作条件，观察、记录、分析工作流程及工作内容、特点和方法，以便提出具体的报告。

第一，观察法的特点。观察法有五个特点：①在日常、自然状态进行。观察法是在一种日常的、自然状态的情况下进行的调查，在不打扰被调查对象的前提下，对被调查对象的行为进行系统观察和记录。②能获真实、生动的信息。直接获得准确性较高的第一手信息资料，能较真实反映事物发展的内在规律。因此观察的资料比较真实、生动。③在观察时可以合理利用设备来完成。对观察对象的感知可以通过眼睛、耳朵等来进行。人们的感觉器官是非常有限的，因此在观察时可以借助显微录像机、照相机以及录音机等现代化的设备来进行。可用摄像机记录员工工作过程，可利用有关仪器测量工作环境中的噪音、光线、湿度、温度等。④适用于标准化程度高的工作。所谓观察法是指的观察工作人员的工作流程，并对各个行为特征进行记录，对所使用的工具设备、工作环境、体力消耗以及工作程序等进行了解。所以在对标准化或者较短周期的体力活动进行观察时可以采用这一方法。收集强调人工技能的工作信息。⑤通常与访谈法结合使用。观察前可以先进行访谈，这有利于把握观察的大体框架，达成双方相互了解，建立一定的合作关系，使随后的观察能更加自然、顺利地进行。观察过程中可以进行访谈，访谈前最好已经观察积累一定信息，以便通过访谈进一步了解观察中没有获得的工作活动情况。通常情况下是观察后再进行访谈，这样可以集中精力充分观察员工的工作，也减少员工因分散注意力而不按常规操作的可能。

第二，观察法的形式。由于观察的目的不同，可以选用不同的观察法。观察可以分为参与式观察和非参与式观察两种，这是从观察者有没有直接参与到被观察活动中来分的。参与式观察无可厚非，观察者需要直接参与进来，并且和被观察者的关系是非常友好密切的，通过互动来对被观察者的言行进行观察和了解，以便更好地取得相关的信息。非参与式观察则相反，观测者不需要亲自参与的被观察者的活动中来，在观察时也是以旁观者的身份参与的。

第三，采用观察法获取信息的要求。观察前必须明确观察的目的和意义，搜集有关观察对象的信息，了解工作行为本身的代表性，确定观察对象、时间、地点、内容和方法。观察前应制定详细的观察提纲，简明地列出观察内容、起止时间、观察地点和观察对象，对观察内容进行明确分类。为使用方便还可以制成观察表或卡片。观察时要做到客观和精确，善于详细记录同观察目的有关的事实，并以此为基础进行整理、分析，概括观察结果，作出结论。为了能更精确地研究员工的心理特征，可以利用照相、摄影摄像、录音设备。尽量使观察环境保持平常自然的状态，注意被调查者的隐私权问题。现场观察，不能干扰工作者的正常工作，尽量取得工作者的理解、合作。为了观察到真实而有代表性的目标，还要尽量隐蔽自己的观察行为。

（2）面谈法。面谈法是通过谈话获取人力资源信息的方法。通过面对面的交谈，由工作者讲述工作的内容、特点和要求，用简短的语言说明长期的工作体会和感想，传递信息。

第一，面谈法的特点。面谈法有四个特点：①方法灵活。不受任何限制，没有固定的格式，可以一般地谈，也可深入详细地谈，它涉及的问题可能很广，也可能较窄；这种方式的问卷或调查表回收率较高且质量易于控制。其缺点是调查成本比较高，调查结果受调查人员业务水平和被调查者回答问题真实与否的影响很大。②对面谈时间、场所有要求。为了收到较好的面谈效果，面谈时间和场所应该精心选择，特别是不能有外人打扰，坚持"一对一"面谈的原则。③获得信息的真实性需要鉴别。被访谈者在回答问题中，可能有夸大或缩小事实的情况，甚至会扭曲事实，这就要求对面谈获得的信息进行综合分析和鉴别，选择出真正有价值的信息。④适用于获取较深层次信息。是工作分析中广泛应用的方法，在对工作不能直接观察、对工作不甚了解或工作耗时太长的情况下采用。

第二，面谈法的主要形式。具体包括：①个别访谈。对员工进行的个人访谈；②群体访谈。对做同种工作的员工群体进行的访谈，通常用于大量员工做相同或相近工作的情况，可以迅速了解工作内容和职责等方面的情况；③主管人员访谈。对完全了解被分析工作的主管人员进行的访谈。

第三，面谈法步骤。面谈法主要步骤为：①事先征得员工直接上级的同意，获取直接上级的支持；②在无人打扰的环境中进行面谈；③向员工讲解面谈的意义，介绍面谈的大体内容；④访谈者轻松地开始话题；⑤鼓励员工真实、客观地回答问题；⑥职务分析人员按照面谈提纲的顺序，由浅至深地进行提问；⑦营造轻松的气氛，使员工畅所欲言；⑧注意把握面谈的内容，防止员工跑题；⑨在不影响员工谈话的前提下，进行谈话记录；⑩在面谈结束时，让员工查看并认可谈话记录，面谈记录确认无误后，完成信息收集，向员工致谢。

（3）问卷法。问卷法是指由人力资源部门根据获取信息的需要，制定相关的调查问卷，对员工进行调查的一种方法。调查者把标准化问卷发给员工，员工通过填写问卷来描述其工作中所包括的任务、职责、行为、环境特征等方面的信息。为了了解员工的真实感受，调查问卷可以不署名，但是被调查人的岗位名称等基本材料要填写清楚。

第一，问卷法具有统一、客观、高效的特点，是人力资源信息获取的重要手段之一。问卷法根据特定的工作、特定的目的来进行问卷设计，对简单体力劳动工作、复杂管理工作均适用，特别是对远距离调查更显其优越性。它既可以测量外显行为，如思想态度、职业兴趣、同情心，也可以测量自我对环境的感受，如欲望的压抑、内心冲突、工作动机等。

第二，问卷法集信息，成本低，用时少，调查面广，数据规范，适合用计算机进行统计分析；获得信息较为客观，被调查者在不受别人干扰的情况下，可以进行充分考虑，自由地表达意见，比较真实地反映自己的态度和观点；获得信息全面、有针对性，可在问卷上得到较为满意与可靠的答案。

第三，问卷法使用不当，会影响信息获取的效果。例如，问题含糊不清，不能得到确实的回答；所选调查对象没有很强的代表性，很难真实反映总体情况；问题设计不理想，难以应用统计方法分析和对结果进行科学解释；问卷多为封闭式，不能充分说明被调查者的态度；如果员工的表达能力或理解能力较弱，难以收集到准确的信息。

（4）现场工作日记法。现场工作日记法是让员工用工作日记的方式记录每天的工作活动，作为工作活动信息。员工要将自己在一段时间内所从事的每一项活动按照时间顺序以日记的形式系统记录下来，提供非常完整的工作图景，提供其他信息收集方法无法获得的细节信息。现场工作日志法如果与面谈法结合运用，效果会更好，可以了解工作的实际性内容以及在体力、环境等方面的要求。

（5）功能性工作分析法。以职工所需发挥的功能与应尽的职责为核心，列出需加以收集与分析的信息类别，规定工作分析的内容。工作分析数据有两类：①实际工作信息，如工作内容、工作特点；②工作承担者信息，如描述工作承担者的特点、要求。其中，工作承担者的特点包括正确地完成工作所必需的培训、能力、个性、身体状况等方面的特点。按上述内容，人力资源工作者可以有针对性地收集信息并加以比较、分类，形成详细的工作说明书与工作规范。

（6）技术会议法。召集管理人员、技术人员举行会议，讨论工作特征与要求。由于管理人员和技术人员对有关工作比较了解，尤其是比较了解工作的技术特征和工艺特征，所以他们的意见对获取有效的工作分析信息至关重要。为了获取全面、真实、准确的有价值信息，应从实际出发，根据人力资源信息利用的需求，权衡各种方法的利弊，选择适宜的信息获取方法，拓宽收集信息的渠道，充分利用各种有利条件，多渠道、广泛收集信息。

2. 人力资源信息获取的原则

利用信息的前提是获取信息，因此信息的获取是非常重要的工作。在信息管理工作中，其管理质量直接受到信息获取好坏的影响。获取人力资源信息时需要遵循以下原则。

（1）准确性原则。这是获取信息最基础的原则，这是需要保证信息的真实性和可靠性。为此，应该反复的核实和验证获取到的信息，将误差降到最低。

（2）全面性原则。广泛性、全面性和完整性也是人力资源信息获取的一个重要原则。如此才能确保信息获取的全面性和准确性。

（3）时效性原则。时效性也是信息利用价值的一个重要衡量标准。只有具备及时性、快速性等特征的人力资源信息，才能充分地发挥出其价值。

（三）人力资源信息的整理

人力资源信息建设过程中，既要不断地丰富人力资源信息，同时也要对获得的信息进行整合，通过整理、加工使人力资源信息系统化、有序化。人力资源信息整理是将收集到的人力资源信息按照一定的程序和方法进行科学加工，使之系统化、条理化、科学化，从而得出能够反映人力资源管理总体特征的信息。人力资源信息整理是信息得以利用的关键，既是一种工作过程，又是一种创造性思维活动。

企业整理决定人力资源信息的科学价值，能够更好地发挥信息的真正效用，提高信息利用效率和利用价值。

1. 人力资源信息的筛选

筛选是对信息的再选择，表现为对收集到的大量信息进行鉴别和选择，去粗取精，去伪存真，摒弃虚假和无效的信息，提取真实、有价值的信息。信息筛选是对各种信息进行比较、选择，淘汰无用或价值不大的信息。应选择与人力资源管理密切相关的信息，选择带有导向性的重要信息，选择与工作活动紧密相关的信息。

信息筛选对提高信息的利用率起着至关重要的作用，必须掌握信息筛选的要求。要用科学的态度与科学的方法进行筛选：注意挑选对人力资源活动有指导意义、与业务活动密切相关的信息；注意挑选带有倾向性、动向性或突发性的重要信息，分析信息需求，结合中心工作或解决特定问题的需要筛选信息；注意挑选能预见未来发展变化趋势，为决策提供超前服务的信息；坚持信息数量和质量的统一。

为了有效提升信息的利用程度和利用价值，就需要依据一定的要求来完成信息筛选工作。在筛选过程中要选择科学的方法以及科学的态度进行。将可以指导人力资源活动的信息进行准确的筛选；有动向性的、倾向性的以及突发性的重要信息也是筛选工作的重点对象，同时还要对信息需求进行分析，以便更好地解决问题；对于有未来发展变化趋势预见能力的信息也要进行筛选，这样可以有利于决策的准确性；当然质量和数量的统一协调也是非常重要的。对信息价值的判断也需要有一定的标准来衡量。其判断标准是：适用性，看所获得的信息是否合乎需要；时效性，看信息是否已过时，过时的信息会大大减小其效用；可靠性，看信息是否真实、全面地反映人力资源管理活动的本质特征；简明性，简明扼要的信息能够抓住问题的实质与关键。

2. 人力资源信息的分类

收集的人力资源信息要进行归纳分类，根据信息自身的特征将同一种类的信息集中在一起，方便查找使用，为信息加工打下基础。

(1) 分类的程序。人力资源信息的分类过程包括辨类和归类。①辨类。即可以分辨不同的人力资源信息类别。这也是对人力资源信息主体进行辨别的一种能力。辨类可以对信息进行类目的归纳。②归类。人力资源信息经过辨类，要进行归类。归类是从主题分析转换成分类存放，即依据辨类的结果，使人力资源信息在分类体系中各就各位的过程。在归类中，由于信息可能从不同的角度反映和表现不同的主题内容，为了便于有效地利用，有必要使用多种检索工具进行多角度揭示。

(2) 分类的方法。对人力资源信息进行分类是为了在使用中便于存放和查找，提高信息利用的效率。要根据组织的工作特性以及信息的相互联系、特点和保存价值，慎重选择适宜的分类方法。

第一，字母分类法。即分类标准为字母的排列顺序。一般字母顺序分类是结合姓名、单位名称以及信息标题等进行的。这一分类是以第一个字母的先后顺序为标准进行的。若是第一个字母相同，则顺延到第二个字母的先后顺序。第一个字母表示文档在文件柜中存放位置最初的索引，第一个字母以后的字母决定文档的准确位置。字母分类法的特点是，不需要索引卡片，分类规则容易掌握，操作简单，查找比较方便，能与其他分类法结合运用。

第二，数字分类法。对每个人或者每个专题设定一个数码，并通过索引卡来标注类别的方式称之为数字分类法。索引卡的排列是以类目名称的字母顺序进行的，并有专门的抽屉进行保存。进行信息查找时，可以通过索引卡的字母顺序进行专题名和姓名的查找，然后再获取相关的信息数码，最后找出相应的案卷即可。为了更方便查找，可编制按姓名字母顺序排列的索引，每个姓名对应一个数码。在计算机日益广泛应用的今天，数码分类法越来越受到人们的重视，它简便易行，适于电脑储存。

第三，主题分类法。按信息内容进行分类的方法，主要根据信息标题或主题词分类。主题分类法使相关内容信息材料集中存放，可以方便检索。通过多级主题分类能够有效地提升主体反映的准确性和全面性，也大大加大了利用便捷度。首要因素可以列为主题名称，第二个因素则为次要主题，以此来进行分类。可用最基本的分类导片标示出各类信息的主题内容，各主题之间根据字母顺序排列。主题分类法的特点是，相关内容信息集中存放，信息能按逻辑顺序排列，方便检索。

第四，时间分类法。按信息形成日期先后顺序分类的方法，要以年月日的自然顺序排列。如果信息的形成日期相同，则按信息内容的重要程度排列。在分类时可以结合时间分类法和其他方法一起使用。时间分类法能够有效地细分大型信息系统。时间分类法可以用于一个案卷内部的信息。

总之，人力资源信息分类方法很多，不同类型的信息有不同的分类方法，采用何种分类方法，应根据人力资源管理活动的需要确定。

第四节　人力资源管理信息系统建设

一、人力资源管理信息系统的意义

人力资源管理信息系统以人资部门常态化工作为抓手，旨在通过制定各项人力资源业务的标准化流程，较大程度地减少重复性工作，提升人力资源部门直至企业的工作效率。

信息系统融合了互联网技术与人力资源管理理论，让企业的人力资源管理工作从单一的提供信息变为了企业决策的来源和支撑，不仅促进了各个部门工作的有序推进，也促进了企业的发展与管理。人力资源管理信息系统不仅拥有先进的软件技术和硬件设备，拥有快速处理业务的能力，还能够实现数据的收集与共享，能够通过信息技术快速地处理和分析数据，能够为员工提供自助使用的平台，降低管理成本，提升综合效益。

人力资源管理信息系统建设既要符合企业发展的需要，又要满足时代进步特点，要有效降低企业在管理上的投入，让人才资源管理定位更加准确。有了人力资源管理信息化系统，就可以以信息化建模的方式代替人为思考和组织审批，提高人力资源管理的合理性，为企业的发展提供科学有效的借鉴。

二、人力资源管理信息系统的功能模块

一般而言，人力资源管理信息系统包括了六大模块。

第一，组织管理。

组织管理主要包括：组织机构管理、职位管理和职务管理。

组织机构管理：能够进行组织机构信息的维护、查询、显示等，对组织机构进行创建、撤销、合并和拆分。

职位管理：职位作为衔接组织架构与人员及职务体系与人员的中间桥梁，起着至关重要的作用，职位管理能够设置具有职位名称、任期、分类等属性的岗位。

职务管理：能够建立职务层级和序列体系，通过树形结构，体现员工的发展通道等功能。

第二，人员信息管理。

人员信息管理主要包括：员工信息及人事档案管理、劳动合同管理和任职情况管理。

员工信息及人事档案管理：包括基本信息和附加信息等，能够提供档案各类材料的登记和分析等功能。

劳动合同管理：包括合同的形式、期限、签订、变更、解除、终止合同等信息；任职情况管理；能够记录人员的异动信息。

第三，考勤管理。

考勤管理主要包括：工作计划和考勤记录管理。

工作计划：能够记录员工工作计划信息。

考勤记录管理：能够进行缺勤记录管理和加班管理。

第四，薪资管理。

薪资管理主要包括：工资范围、工资项目、信息类型及核算模式等内容。

第五，招聘管理。

招聘管理主要包括：招聘需求与计划管理，应聘过程管理，招聘过程管理，录用审批管理和应聘者入职管理。

招聘需求与计划管理：能够提交岗位和人员需求，审批生成空缺岗位，确认招聘计划。

应聘过程管理：能够录入应聘人员基本信息。

招聘过程管理：能够从人才库中挑选应聘者、筛选应聘者、安排招聘活动并记录面试结果。

录用审批管理：能够进行录用审批、查看录用审批结果、记录招聘费用等；应聘者入职管理：能够将应聘者数据传输至员工信息库。

第六，培训管理。

培训管理主要包括：培训需求征集、培训计划制订、培训活动管理、记录培训过程管理、培训结果总结管理等。

三、人力资源管理信息系统的开发方法

（一）结构化系统开发方法

结构化系统开发方法，是基于系统工程的思维，按照用户至上的原则，通过自上而下进行分析和自下而上逐步实施，从而实现信息系统的建立。整个开发过程涵盖了相互联系的周期阶段，包括：

第一，系统规划阶段。即在用户需求的基础上，开展调研，发现问题，进而明确系统目标和结构框架，规划实施的阶段和进度，并对可行性进行研究和分析。

第二，系统分析阶段。即对企业的整体运作流程、产生的数据与功能之间的关系进行分析，进而得出逻辑方案和处理方法。

第三，系统设计阶段。即对系统的结构和框架、模块的功能以及所使用的数据库等进行设计。

第四，系统实施阶段。即程序员对系统进行编程，设计人员对企业人力资源员工进行培训，员工将企业数据进行录入，信息系统投入试运行等。

第五，系统维护阶段。即对系统的日常运行进行实时监控和维护，预防问题的发生。

结构化开发方法的优点在于：由于系统的设计要求，每一个阶段都是前一个阶段完善

的基础，因此，能够及时总结工作、发现问题并反馈修改，进而便于项目管理工作的开展；同时，该方法秉持着自上而下的观点，从全局的角度出发，在整体优化的基础上对系统进行分析，适用于较为复杂、较大规模的信息系统开发。

（二）原型法

原型法设计思路是在进行系统开发时，首先建立一个原型，这个原型能够反映出系统的特色，之后将该原型系统给用户进行试用，并与用户反复讨论，直至完全掌握用户需求，最终完成系统的设计。概括而言，原型法的开发过程涵盖四个阶段：①确定基本需求；②构造原始模型；③运行并评价模型，明确用户需求；④改进和完善模型。原型法更多的是以假设法来进行开端，更加适用于含有较多不确定因素的情境。

原型法的优点在于：更加符合实际需求，且开发原理简单易懂、操作流程简明；能够与用户直接沟通、切实了解用户需求；能够减少开发风险、提高开发效率。

（三）面向对象的开发方法

随着系统与用户之间关系的复杂程度日益增加，程序也在不断地扩大，当达到一定规模的时候，其复杂程度是程序员思想无法跟上的。为了解决这样的问题，人们研究出了面向对象的开发方法。该方法把系统的数据和操作相结合，编写一个个小的程序作为对象，在对其进行定义和操控的基础上，形成一个大的程序，进而实现对系统的设计。面向对象的开发方法为系统的分析提供了崭新的思路，其开发过程主要分为四个阶段。

第一，用户需求分析阶段。在此阶段，对用户当前的问题进行调查并挖掘其背后的空间，进而对信息系统的开发设计作出可行性分析，以分析结果为基础，对存在的问题及其空间再深入进行探究，作出精确的规划，明确系统设计的目标以及所涵盖的范围。

第二，面向对象分析阶段。在此阶段，通过前期的用户需求分析得出开发系统的目标、范围以及需求，进而使用统一的理论、方法和技术进行设计和建模，在问题的空间中建立逻辑模型。这个模型是以对象为基本单元的。

第三，面向对象设计阶段。在此阶段，根据面向对象分析阶段得出的结果，把接口对象纳入了设计范畴，形成了更为完整、清晰的模型。与此同时，还对子系统进行了详细的划分，明确各个子系统之间的关系，为建立子系统的结构框架图奠定基础。

第四，面向对象系统实施阶段。在此阶段，主要涵盖三个步骤：程序设计，此步骤中主要是选取适合的程序开发语言并进行编码；程序测试，此步骤是对设计测试方案并通过测试不断修改完善；系统转换，在此步骤最终实现系统的完善。

面向对象的开发方法的优点在于：①跳出了传统的思维方式，把数据和操作看作一个个对象，实现了服务于功能属性的高度统一，有利于对问题及其空间进行详细的理解与系统的开发，有助于提高系统开发的质量和效率。②适应性强，能够适应情境变化带来的新要求。③可靠性强，鉴于此方法是由一个个独立的对象组成，因此具有较强的可靠性。

四、人力资源管理信息系统建设的实施步骤

第一，建立高效的系统建设团队。作为组织的高层领导，需要提高对人力资源管理信息系统的重视性，充分认识到人力资源管理信息系统对组织发展的积极作用，合理增加资金投入，为系统规划设计提供科学的指导及明确的要求，及时对系统建设及运用过程的问题进行处理。同时，需要选拔高素质、高水平的技术人员，建立一支专业水平较高的系统建设团队，加强各个部门、各个人员的沟通，使其能够做好本职工作，完成系统建设的任务要求。

第二，完善系统功能设计，按计划开发建设。在人力资源管理信息系统的建设过程，需要重视系统内容及功能的论证，加强与开发人员的沟通，借助模块设计使系统的整体功能达到要求，进而为系统应用及维护提供良好基础。同时，作为系统开发的主体，开发人员要及时将项目进展汇报给高层领导及系统建设团队，及时对系统建设过程的问题进行处理，使项目进度得到保障。

第三，做好数据转换，完成系统试运行。需要充分利用现代信息技术构建功能完善、容量充足的数据库，对已有的数据信息进行整合，对数据进行转换和保存。在进行数据转换的时候，管理人员要充分掌握系统的具体功能及其使用方法，对数据信息在不同模块能否快速转换和应用进行检验，使数据导入的准确性得到保障。同时，需要做好系统测试工作，对不同环境、不同用户的系统应用情况进行模拟，尤其要做好临界值的测试，并做好系统与不同浏览器的兼容性测试。

第四，加强系统运行维护，重视人员培训工作。①为保证人力资源管理信息系统的正常运行，充分发挥信息系统在人力资源管理中的作用，需要做好系统运行维护工作。对数据信息进行实时更新，利用不用方式及介质做好数据信息的备份工作，根据实际情况对系统的计算公式及报表进行调整。②需要做好人员培训工作，不断提高系统运行维护人员的能力及素质，使其能够熟练掌握相关的专业知识及技能，进而及时对系统运行过程的问题进行有效处理，使人力资源管理信息系统能够更好地服务于组织发展。

第四章 人力资源管理的数字化建设

在数字化时代,企业组织更需要透过数据分析实现精准管理和个性化服务。因此,数字化建设与转型必然成为企业有效发展的核心战略。与此同时,我国数字经济也已进入快车道,数字技术和实体经济深度融合,各种商业新模式、产品新业态正深刻改变人们的生产生活方式。

第一节 人力资源管理数字化转型

一、数字化发展对人力资源管理的影响

随着科技的迅猛发展和数字化转型的兴起,人力资源管理领域也在面临前所未有的变革。数字化发展对人力资源管理产生了深远的影响,从招聘和选拔、培训和发展,到绩效评估和员工关系管理,各个方面都发生了巨大的变化。

第一,数字化转型为招聘和选拔过程带来了便利。传统的招聘渠道已经不再是唯一的选择,互联网的普及和社交媒体的盛行使得招聘变得更加高效和精准。人力资源部门可以利用在线招聘平台和社交网络来寻找潜在的人才,并通过数据分析技术筛选出最合适的候选人。这种数字化招聘不仅提高了效率,还扩大了招聘的范围,使得组织能够更好地匹配人才需求。

第二,数字化转型对绩效评估和员工关系管理产生了深远的影响。传统的绩效评估方式往往依赖于主管的主观判断和面对面的交流,容易出现偏见和不公平。而数字化工具可以提供更客观和可量化的绩效评估指标,帮助人力资源部门更准确地衡量员工的工作表现,并为员工提供个性化的反馈和发展建议。此外,数字化工具还可以支持员工参与度的提升和团队协作的加强,通过在线沟通平台和协作工具促进员工之间的交流和合作。

二、人力资源管理数字化转型的意义

人力资源管理数字化转型是指将传统的人力资源管理流程和活动通过数字技术和工具进行改造和升级的过程。这样的转型旨在提高人力资源管理的效率、准确性和可操作性，并使其更加与企业战略和业务目标相结合。其核心价值在于盘活人力资源管理中的各项数据，重塑管理与业务流程，达成提升企业管理效能、优化员工工作体验的效果。

人力资源管理不仅是企业管理体系的核心功能，也是获得持续竞争力的关键所在，还是企业数字化转型的重要基石。人力资源管理数字化转型应该结合企业自身的现实基础，充分利用基本要素并依据基本逻辑来确定合适的转型模式和实施路径，如此才能为企业系统性变革提供有力支持。

面对新的时代要求，推动数字化转型已经成为企业经营管理活动的重要内容。数字化转型不仅强调运用数字化的工具、技术和手段来提升企业的运营效率和效益，如利用人工智能、大数据、云计算、区块链和5G等数字技术来对企业内外的核心要素、关键环节实现数字管理，还注重推动技术、人才、资本等资源配置优化来实现组织内部的系统性变革，如加速业务流程、生产方式的重组来达到提升企业竞争力的目的，以及创造出新的数字场景、价值增值来服务持续发展。

在数字化转型的过程中，企业会根据自身基础、发展基础、技术储备、战略意图等围绕不同的功能和业务来采取不同的模式和路径来推动和实施，并会形成各种不同的形式和内容。其中，人力资源不仅是企业持续成长与发展的核心要素，也是获得竞争力的关键所在。人力资源管理数字化转型是通过充分发挥数字技术和数字系统的优势来探索和改变人力资源管理模式，进而实现革新发展理念、创新操作工具、优化业务流程、赋能运营管理、创造价值增值和提升整体效能，以增强企业竞争力的整体性变革活动。推动人力资源管理数字化转型是企业应对客观环境变化的必然选择，也是企业实施数字化转型的重要基石，它可以促进企业内部的战略、结构、职能和流程等进行全方位、立体化的变革，有助于企业在市场竞争中取得竞争优势。伴随着数字化转型的深入推进，人力资源管理活动在数字技术的加持下会改变传统的运作模式。

三、人力资源管理数字化转型的要素

人力资源管理数字化转型是利用数字人才、数字工具、数字管理和数字场景等基本要素来对人力资源管理的各个方面进行全方位升级。其中，不仅需要对传统的发展思维、管理逻辑进行转型，还要进行调整组织结构，强化业务转型，形成新的运作方式、业务形态和管理模式，并构建出具有企业自身发展特征的数字化生态体系，如此才能为企业整体运营管理活动提供有力支撑。

（一）数字人才

数字人才是人力资源管理数字化转型的核心要素，是指企业内部具有数字化意识，熟练掌握和使用新一代信息和通信技术，能够提供数字产品或服务的员工。与普通员工相比，数字人才除了具备从事人力资源管理活动的基本能力之外，还能熟练应用各种数字技术和工具。

数字人才在人力资源管理数字化转型中占据主导地位，会根据企业内外部环境的最新发展趋势和变化，将人力资源管理技能和专业化数字技术相结合，以数字化思维来管理、组织和推动人力资源管理相关业务的运营和变革。在当今信息时代，数字技术的发展迅猛，各行各业都面临着数字化转型的压力和挑战。人力资源管理作为企业管理中的重要环节，也需要与时俱进，将数字技术应用于其工作中。而数字人才的崛起和培养，对于推动企业的数字化转型起着至关重要的作用。

第一，数字人才具备熟练掌握和应用数字技术的能力。他们了解和熟悉各种数字化工具、软件和平台，能够有效地运用它们来处理和分析大量的数据，提供科学的决策依据。在人力资源管理中，数字人才能够利用数据分析工具，深入挖掘员工数据、组织数据和市场数据，帮助企业了解员工的需求和潜力，优化组织的人力资源配置，提高员工的工作效率和满意度。

第二，数字人才具备创新思维和敏锐的洞察力。他们能够及时发现数字技术的最新趋势和应用，将其引入到人力资源管理中，推动企业实现更高效的运营和管理。数字人才在数字化转型过程中，能够提出新的理念和方法，使人力资源管理更加灵活、智能化。他们能够通过数据分析和预测，发现人才需求的变化趋势，制定相应的招聘策略和人才培养计划，为企业的发展提供有力支持。

第三，数字人才具备良好的沟通和协作能力。在数字化转型中，各个部门之间需要紧密合作，共同推动数字化转型的实施。数字人才能够作为连接各个部门的桥梁和纽带，与技术团队、业务团队和管理团队有效沟通，理解各方的需求和目标，协调各方的利益，推动数字化转型的顺利进行。他们能够与不同层级和背景的人员进行有效沟通，传递数字化转型的重要性和益处，增强组织内部对数字化转型的认同和支持。

（二）数字工具

数字工具是人力资源管理数字化转型的重要基础，也是人力资源大数据管理的核心所在，它可以为人力资源管理的数字化和智能化提供强大的数据、技术、信息和平台等支撑。

数字工具的主要功能在于能够科学改进人力资源管理活动的操作手段、业务活动和工作流程，例如，利用远程办公系统等数字平台工具来消除传统意义上人力资源管理在时间、空间上的壁垒，实现员工事务线上处理，提高办事效率，提升员工体验，克服员工在时间和任务进程不同步的阻碍以确保各项管理活动的高效开展。为了提高企业人力资源管理活动的效率和效益，一些科技公司也围绕人力资源管理的相关业务开发出各种操作性数字工具。例如，社保云、红海云等就将数字思维贯穿人力资源管理的"选、用、育、评、留"等全过程，包括全面收集和挖掘涉及人力资源的相关数据，打造员工数据库，建立人才评定数据体系等。

第一，数字工具可以帮助人力资源部门实现信息的快速收集、整理和存储。通过人力资源管理系统和云计算技术，企业可以轻松地获取员工的个人信息、工作绩效、培训记录等数据。这些数字化的数据不仅提高了数据的准确性和完整性，还为人力资源决策提供了更可靠的依据。

第二，数字工具可以加速人力资源流程的执行和监控。例如，通过自动化招聘平台，企业可以快速发布职位信息、筛选简历并安排面试。数字化的招聘流程不仅提高了招聘的效率，还减少了人为错误和漏洞。此外，数字工具还可以用于自动化绩效评估、薪酬管理和培训开发等关键环节，简化了烦琐的人力资源管理工作。

第三，数字工具为员工提供了更好的自主管理和参与。员工自助系统和移动应用程序使员工能够自行查询和更新个人信息、申请假期、查看薪资等。这种自主管理的模式不仅提高了员工的满意度，还减轻了人力资源部门的负担，使其能够更专注于战略性的人力资源管理工作。

第四，数字工具还可以通过数据分析和预测，帮助人力资源部门作出更明智的决策。通过对员工数据的深入分析，企业可以发现潜在的人才、预测员工流失风险、优化薪酬结构等。这种基于数据的决策可以提高人力资源管理的精确性和效果，为企业的长远发展提供有力支持。

（三）数字管理

数字时代的人力资源管理模式、流程和内容等都在发生深刻变革，它更加强调充分运用大数据、人工智能和其他数据处理技术来获取、分析与人力资源管理相关的有价值数据，从而实现科技赋能，创造新的人力资源管理模式，实现人力资源管理的流程化、自动化和智能化。

第一，数字管理改变了人力资源信息的收集和存储方式。传统上，人力资源数据大多以纸质文件或电子表格的形式存储在各种系统和文件夹中，管理烦琐且容易出现错误。而数字管理通过建立集中式的人力资源信息系统，将所有员工的数据整合到一个统一的平台上。这样的系统不仅提高了数据的可靠性和准确性，还便于对员工信息进行快速访问和更新。

第二，数字管理提供了更精确和全面的人力资源分析能力。传统的人力资源决策往往基于经验和直觉，缺乏科学依据。而数字化转型使得大量的人力资源数据得以收集、整理和分析，从而帮助管理层作出更明智的决策。通过数据分析工具和人工智能算法，可以深入研究员工绩效、离职率、培训需求等关键指标，为人力资源策略的制定提供依据。

第三，数字管理还促进了人力资源流程的自动化和优化。人力资源部门的工作涉及很多烦琐的事务性任务，如招聘、薪资核算、绩效评估等。通过数字化工具和自动化流程，这些任务可以在更短的时间内完成，减少了人力资源团队的工作量，提高了工作效率。例如，借助招聘管理系统，可以快速筛选简历、安排面试，并进行自动化的通知和反馈，大大缩短了招聘周期。

第四，数字管理还改变了员工与人力资源部门的互动方式。传统上，员工需要亲自前往人力资源部门咨询和处理各种问题。而数字化转型后，员工可以通过自助服务平台或移动应用程序获取所需的信息和服务，如申请假期、查询薪资等。

（四）数字场景

人力资源管理数字化转型的最终效果是搭建数字场景来更为直观地展示人力资源管理相关活动，促使部门之间的协同效率大幅度提升，帮助企业制定科学决策。数字场景是以人力资源数据（包括内部数据和外部数据）为基础，研发监测分析模型，来描绘当前和有效预测未来人力资源管理面临的问题和挑战，促进人岗精准匹配，降低劳动力资源错配的一种运营管理模式。

数字场景建设可以构建数字化人力资源生态系统，利用智能化数据分析来绘制多维度员工画像，了解当前企业员工的行为、态度、情绪和供给等现状，使企业的工作界面、交流模式等得以创新，为组织和个人提供智能化、人性化和定制化的人力资源服务产品。在此基础上，企业各部门的团队协作也会拥有数字化特征，例如，通过数字平台、应用以及服务方式的改变来提升员工体验，为业务发展提供实质性的帮助以实现降本增效。

总之，我国企业的人力资源管理数字化转型正处于起步阶段，未来仍有很大发展空间。它蕴藏着巨大的潜力与价值，是企业实现持续发展的一项重要内容。加速人力资源管理数字化转型进程，可以充分发挥云计算、大数据、人工智能、移动化和5G等数字技术和数字系统的优势来促进人力资源管理活动实现全方位、立体化和整体性变革，包括建立业务生态、推动企业变革、创造价值增值等，为企业内部进行战略、结构、职能、结构和流程等方面的数字化转型提供有力支撑。持续创新其形态和运用场景，有助于企业在市场竞争中取得竞争优势。

四、人力资源管理数字化转型的实施策略

（一）明确转型的现实基础

在开展数字化转型之前，企业首先需要清晰地认识当前人力资源管理功能和业务的现实基础并开展内部评估，探究数字化转型的潜在模式和实施路径。

企业需要认真研判自身的需求、资源和能力，包括基础设施以及数字化能力，运营管理能力以及员工所具备的技能等。并在此基础上，进一步去思考自身的数字化发展理念，判断数字化转型工作是依靠自身还是对外合作，哪些能力可以由内部构建，哪些能力通过合作伙伴或其他方式获取，以及需要在组织结构上进行何种变革，需要哪些技术创新，对业务流程和功能需要进行怎样的调整，以及建设数字化体系所需的人才、资金等。

（二）制定企业数字化转型战略

企业在确定通过人力资源管理数字化转型来进行自我提升后，首要任务就要明确发展愿景，制定战略规划。企业需要在理念统一、目标设定、路径选择、要素投入等方面进行统筹规划、顶层设计和系统推进，确定实施团队，构建符合数字化运行特点的组织结构和激励机制，从体制和机制层面来保障数字化转型变革获得成效。具体工作包括：主导推动数字化战略制定，实施行动计划，以及时间进程等；重点认识在推动数字化转型后，企业的人力资源业务模式创新，可能存在的功能变革等；确定在数字化转型过程中需要投入的人、物、财、技术等关键要素，并推动后续的要素整合；加强对技术创新人才、数字化应用型人才、数字化转型管理型人才等的培养，进一步提升员工数字技能等。

（三）加快企业数字化转型设施建设

搭建数字平台是企业实施人力资源管理数字化转型的重要内容，一般情况下可以通过两种方式来实现：一是直接采购外部成熟运作的数字平台，包括专业化服务软件等来赋能自身管理平台的数字化升级;二是完全依靠自身科技部门来自建数字平台,进一步汇聚内外部资源来推动资源汇聚以支撑数字化转型的各类变革。

无论采取何种方式,都要求企业必须能够形成"云基础设施+云计算架构",充分运用5G、物联网、云计算等数字技术,推动硬件设施的系统、接口、网络连接协议等向标准化升级,形成支撑数字化转型的基础底座,完成对设备、软件、数据采集和应用等进行数字化改造,确保对设施数据的采集和传输,高效聚合、动态配置各类数据资源。

(四)实施业务数字平台的管理和运作

人力资源管理数字化转型成为价值创造源泉的核心在于其能够通过数字平台的管理和运作来提升内部活动的效率和效益,以及与外部市场进行有效对接。人力资源管理数字平台管理和运作的关键是针对人力资源业务数据进行统筹规划、统一存储和统一管理,搭建算法库、模型库和工具库等,并通过业务系统数据的弹性供给和按需共享,以各类数据融通支撑数据应用创新。具体而言,就是通过数字技术来收集数据并从中提炼、存储有效信息,建立人力资源数据库,以便进行后续的数据挖掘与分析。例如,针对每位员工建立个性化标签,包括工作状态、个人成长、学习培训情况等,然后利用专业的数字技术来对涉及人力资源的相关数据进行预测与评估,包括对人力资源配置水平、员工的竞争力水平、职业规划与培养、薪酬平均水平等方面进行测评,以便制定高效的战略决策。

(五)创造内部人力资源管理数字场景

实施人力资源管理数字化转型最重要的功能是能够利用可视化场景展示来实时了解企业内部人力资源管理活动的动态,及时发现潜在的风险点,并对未来一段时间的员工业绩和表现作出精准预测。具体而言,就是根据自身组织特性、业务流程特性,围绕业务场景和任务目标,应用数字化工具和手段对人力资源管理的运行状态进行实时跟踪、过程管控和动态优化,并以此作为数据化的核心驱动来对人力资源数据进行全面分析。例如,利用模型数据从招聘候选人面试、录用、转正、培训、考核再到晋升的全过程,为每个岗位、每位员工形成数字画像,并通过不断完善和更新来为各类数字化场景输出决策支撑,从而实现人员的科学管理和精确管理以服务经营活动的开展。

(六)打造人力资源管理数字生态体系

人力资源管理数字化转型除了需要更好地满足对员工行为、工作内容等方面的数据进行分析来实现后续精准预测,还要将涉及人力资源活动的有效数据作为创新的源泉来推动企业打造人力资源管理数字生态体系。人力资源管理数字生态体系是指利用先进的数字技术和信息系统，构建一个全面、协同、智能的人力资源管理环境。这个体系涵盖了招聘、培训、绩效管理、薪酬福利、员工关系等方面，并通过数字化手段实现数据共享、流程优化和智能决策。

第一，打造数字化招聘系统是人力资源管理数字生态体系的关键一环。通过应用人工智能和大数据分析技术，可以实现人才的智能匹配和筛选，提高招聘效率和准确性。同时，数字化招聘系统还可以帮助企业建立人才储备库，实现对人才的持续跟踪和管理。

第二，培训管理也是人力资源管理数字生态体系的重要组成部分。利用数字化培训平台，可以实现培训资源的集中管理和在线学习的便捷性。员工可以根据自身需求和发展计划，选择适合的培训课程，并通过在线学习平台进行学习和交流。数字化培训还可以实时监测培训效果，为企业提供决策支持。

第三，绩效管理也可以通过数字化手段得到改进。传统的绩效评估通常存在主观性和片面性的问题，而数字化绩效管理系统可以通过数据化的方式收集员工绩效数据，并结合业务指标和个人目标进行分析和评估。这样不仅可以提高评估的客观性和准确性，同时也为员工提供个人成长和发展的指导。

第四，薪酬福利管理也可以借助数字化工具实现优化。通过建立薪酬福利管理系统，可以实现工资、奖金、福利等信息的集中管理和自动化计算，减少人为错误和纠纷。数字化薪酬福利管理还可以根据员工绩效和贡献进行差异化设计，激励员工积极发挥个人潜力。

第五，建立数字化员工关系管理平台也是人力资源管理数字生态体系的重要组成部分。通过在线交流平台和员工自助服务系统，可以实现员工之间的信息共享和沟通，提高组织内部的协作和凝聚力。数字化员工关系管理还可以通过匿名调查和反馈机制，了解员工需求和反馈，及时解决问题和改进管理。

总之，打造人力资源管理数字生态体系是适应时代发展的必然趋势。通过利用先进的数字技术和信息系统，可以实现人力资源管理的全面升级和优化，提高组织运营效率和员工满意度。然而，建立数字化生态体系需要组织的全力支持和投入，同时也需要与员工充分沟通和合作，共同推动数字化转型的实施和成功。

（七）实时改进转型效果评估

人力资源管理数字化转型是一个连续过程，需要进行动态评估来保证其按照预定的目标和方向持续实施。例如，可以从创新、经济和社会三个方面来对数字化转型效果进行评估。其中，创新效益主要强调企业通过利用新一代信息技术的赋能，促使人力资源管理的业务体系和价值模式实现转变，是否实现价值体系优化、创新和沟通，以及在提升核心技术创新能力、促进创新成果产业化等方面取得成效。经济效益主要是强调通过数字化实现的经济收益，包括降低成本和风险，提升业务管理、人员配置的效率等。社会效益主要是强调带动社会就业等方面的社会责任和价值升级，确保不断推进各生态体系的改善和效率提升。如果未能实现上述效益，则需要具体分析在实施过程中可能存在的偏差，及时建立纠错机制。

如今，数字经济已深入渗透到社会经济的各个层面，在很大程度上影响着不同产业领域的发展，并成为当前最具活力、最具创新力、辐射最广泛的经济形态，是国民经济中的核心增长极之一。在以云计算、大数据、物联网、人工智能和5G为代表的新一代信息和通信技术的推动下，人力资源管理也开始进入一个全面感知、可靠传输、智能处理、精准决策的万物智联时代，即以数字化的知识和信息为关键生产要素，以数字技术创新为核心驱动力，以现代信息网络为重要载体，不断提高人力资源管理活动的数字化和智能化水平。面对未来发展动向，人力资源管理数字化转型不仅不能降速，反而需要积极结合未来趋势来加速创新，主动思考在新时期的功能定位和转型方向，积极探索创新突破的方式和路径，如此才能形成推动企业发展的新动能来服务市场竞争和持续成长。

第二节　人力资源管理数字化的理论与经验

一、人力资源管理数字化的理论依据

（一）战略人力资源管理理论

战略人力资源管理理论强调人力资源管理应与组织的战略目标相一致，它将人力资源视为组织的重要资产，通过合理配置、开发和管理人力资源来实现组织的战略目标。数字化在战略人力资源管理中扮演重要角色，通过技术工具和数据分析，可以实现更有效的人力资源规划、招聘、培训和绩效管理等活动，以支持组织的战略决策和业务发展。

战略人力资源管理理论对人力资源管理数字化发展产生了积极影响。随着科技的快速进步和数字化转型的兴起，人力资源管理领域也在不断适应和应用新的技术。下面将详细探讨SHRM理论对人力资源管理数字化发展的积极影响。

第一，战略人力资源管理理论强调将人力资源视为组织成功的关键因素之一。数字化发展提供了更多收集、分析和利用人力资源数据的机会，使得人力资源部门能够更好地评估和预测员工绩效、员工满意度以及组织的整体绩效。通过数字化工具和技术，人力资源管理可以更准确地确定人才需求，制定更有效的招聘策略，并进行更全面的员工培训和发展计划。这些数据驱动的决策有助于提高员工的工作效率和工作满意度，进而提升整个组织的绩效。

第二，数字化发展使得人力资源管理的过程更加高效和便捷。战略人力资源管理理论鼓励人力资源部门与其他部门合作，共同制订和实施战略计划。数字化工具和平台提供了一个共享信息和协同工作的平台，使得不同部门之间的沟通更加简化和迅速。通过数字化的人力资源管理系统，员工可以轻松地访问和更新个人信息、申请休假、查看培训资料等。这不仅节省了人力资源部门的时间和精力，还提高了员工的参与度和满意度。

第三，数字化发展使得人力资源管理更加注重数据分析和预测。战略人力资源管理理论强调数据驱动的决策和预测能力的重要性。数字化工具和技术提供了强大的数据分析功能，使得人力资源部门可以更好地了解员工行为和趋势，从而预测未来的人力资源需求。通过对员工数据的分析，人力资源管理可以发现员工的需求和问题，并及时采取措施解决。例如，通过分析员工的绩效数据和离职率，人力资源管理可以识别出高绩效员工和潜在流失风险，并采取相应的激励措施和留住人才的策略。

第四，数字化发展为人力资源管理提供了更广阔的发展空间。战略人力资源管理理论强调人力资源管理的战略定位和价值创造。数字化转型不仅为人力资源管理带来了更多的机遇，还为人力资源管理人员提供了更多的职业发展路径。数字化技术的应用使得人力资源管理的工作更加复杂和专业化，需要掌握更多的技能和知识。因此，人力资源管理人员需要不断学习和适应新技术，提升自己的能力和竞争力。

总之，战略人力资源管理理论对人力资源管理数字化发展产生了积极影响。通过数字化工具和技术，人力资源管理可以更好地收集和分析员工数据，制定更科学和有效的人力资源策略。数字化发展还提高了人力资源管理的效率和便捷性，促进了部门间的合作和沟通。

（二）价值链理论

价值链理论强调企业活动的价值创造过程，将企业的活动划分为主要和支持性活动。人力资源管理在价值链中扮演着重要的角色，涉及人员招募、培训、激励和员工关系等方面。数字化可以通过自动化和优化人力资源管理过程，提高效率、减少成本，并提供准确的数据支持，帮助企业在价值链中创造更大的价值。

价值链理论作为一种重要的管理理论，对人力资源管理数字化发展起到了积极的影响。本文将从三个方面阐述价值链理论对人力资源管理数字化发展的积极影响。

第一，价值链理论促进了人力资源管理数字化的整体优化。价值链理论强调企业内部各个环节的协同作用，通过将价值链中的各个环节进行数字化，可以更好地实现人力资源管理的协同和整合。通过数字化技术，企业可以将人力资源管理的各个环节进行信息化和自动化处理，提高工作效率和准确性。例如，通过数字化的招聘平台，企业可以更高效地发布职位、筛选简历和进行面试，节约了大量的时间和人力资源。同时，数字化的培训平台也可以提供更加灵活和个性化的培训内容，从而帮助员工提升技能和能力。这些数字化的工具和平台能够有效地提升人力资源管理的效能，推动企业的发展。

第二，价值链理论促进了人力资源管理数字化的战略协同。价值链理论将企业内部的各个环节看作是相互关联和相互依赖的，通过数字化技术的应用，可以更好地实现不同环节之间的信息共享和协同合作。在人力资源管理中，数字化可以实现员工信息的集中管理和共享，使得不同部门和岗位之间能够更好地协同工作。例如，通过数字化的绩效管理系统，可以实现员工绩效数据的实时监控和分析，有助于人力资源部门和其他部门之间进行有效的沟通和协调。另外，数字化的员工反馈和沟通平台也可以促进员工与管理层之间的互动和合作。这些数字化的工具和平台使得人力资源管理能够更好地支持企业的战略目标，实现战略与操作的协同。

第三，价值链理论促进了人力资源管理数字化的数据驱动。价值链理论关注价值的创造和传递过程，而数字化的人力资源管理则提供了丰富的数据来源。通过数字化技术的应用，人力资源管理可以更加精确地收集、分析和利用大量的员工数据。这些数据可以用于人才招聘、绩效评估、员工培训等方面的决策支持。例如，通过数据分析，人力资源管理可以更好地识别出人才的关键特征和潜力，从而提供更准确的招聘和选拔决策。同时，数据分析也可以帮助人力资源管理更好地识别员工的培训需求和发展机会，提供个性化的培训计划。这种数据驱动的人力资源管理能够更加精确地满足企业的需求，提高组织的绩效和竞争力。

总之，价值链理论对人力资源管理数字化发展具有积极的影响。它促进了人力资源管理数字化的整体优化，提高了管理效能；促进了人力资源管理数字化的战略协同，实现了战略与操作的协同；促进了人力资源管理数字化的数据驱动，提供了更准确的决策支持。因此，企业在推进人力资源管理数字化发展时，可以借鉴和应用价值链理论，以实现更加高效和有效的人力资源管理。

（三）流程再造理论

流程再造理论强调通过重新设计和改进业务流程来实现组织的效率和竞争力提升。数字化可以作为流程再造的工具和手段，通过引入信息技术和自动化系统，重新设计人力资源管理的流程，简化和优化各项活动，减少烦琐的手工操作和纸质文档，提高工作效率和准确性，同时实现更好的数据管理和分析，支持决策制定和绩效评估。

随着科技的不断进步和数字化时代的到来，人力资源管理也在不断演变和发展。在这一过程中，流程再造理论发挥了积极的影响。流程再造理论是指通过重新设计和重新组织工作流程，以实现组织效率和质量的提升。它强调以客户为中心，以创新为驱动，通过彻底重新思考和重建组织流程来实现业务的优化和升级。

在人力资源管理数字化发展中，流程再造理论有以下积极的影响：

第一，流程再造理论推动了人力资源管理的标准化和自动化。传统的人力资源管理往往存在烦琐的手工操作和重复的工作流程，容易出现错误和效率低下的情况。而通过流程再造理论的应用，可以对人力资源管理的各项工作进行重新设计和优化，使其更加标准化和自动化。例如，通过引入人力资源管理系统和软件，可以实现招聘、培训、绩效评估等流程的自动化和集中化管理，提高工作效率和准确性。

第二，流程再造理论促进了信息共享和沟通的改善。在传统的人力资源管理中，各个部门和岗位之间的信息共享和沟通往往存在障碍，导致信息不畅通和信息孤岛的问题。而通过流程再造理论的应用，可以重新设计和优化信息流动的路径和方式，实现信息的及时共享和高效传递。例如，通过建立人力资源管理平台和数字化工具，可以实现员工档案、绩效数据、薪酬福利等信息的集中存储和共享，提高信息的可访问性和准确性，促进各个部门之间的协同工作。

第三，流程再造理论提升了人力资源管理的灵活性和适应性。在当前快速变化和竞争激烈的商业环境下，组织需要灵活地调整和适应市场需求和变化。而传统的人力资源管理往往过于僵化和繁重，难以及时响应和适应变化。通过流程再造理论的应用，可以重新设计和重建人力资源管理流程，使其更加灵活和适应变化。例如，通过引入灵活的人力资源规划和招聘流程，组织可以更好地应对市场需求的变化和人才供需的波动，提高人力资源管理的灵活性和适应性。

第四，流程再造理论推动了人力资源管理的持续改进和创新。在数字化发展的背景下，人力资源管理需要不断改进和创新，以满足不断变化的组织需求和员工期望。而流程再造理论的应用可以帮助人力资源管理团队重新审视和优化工作流程，挖掘潜在的改进和创新机会。通过持续的流程改进和创新，人力资源管理可以更好地适应变化和推动组织的发展。

总之，流程再造理论对人力资源管理数字化发展具有积极的影响。它推动了人力资源管理的标准化和自动化，促进了信息共享和沟通的改善，提升了灵活性和适应性，并推动了持续改进和创新。通过流程再造理论的应用，人力资源管理可以更好地适应数字化时代的挑战和机遇，为组织提供更高效和优质的人力资源管理服务。

（四）组织学习理论

组织学习理论关注组织如何获取、应用和传递知识和经验，以适应变化的环境和提高绩效。在数字化时代，人力资源管理需要促进组织内部的学习和知识共享。通过数字化工具和平台，可以实现知识管理、在线培训和跨部门协作，以促进组织的学习和创新。

第一，组织学习理论促进了人力资源管理的数字化转型。随着信息技术的普及和云计算、大数据分析等技术的成熟应用，人力资源管理正朝着数字化方向发展。而组织学习理论提供了一个框架，帮助组织认识到学习是持续发展的关键，从而推动了组织在数字化转型方面的努力。通过数字化技术，组织可以更好地收集、整理和分析大量的人力资源数据，了解员工的技能、经验和能力，并将其应用于招聘、培训和绩效管理等方面，从而提高人力资源管理的效率和准确性。

第二，组织学习理论促进了员工学习和发展的数字化支持。组织学习理论认识到员工的学习和发展是组织成功的关键要素之一。数字化技术为员工学习和发展提供了更多的机会和方式。通过在线培训平台、虚拟学习社区和移动学习应用程序，员工可以随时随地获取所需的知识和技能，并通过在线交流和协作与其他员工进行学习和分享。数字化支持使得员工的学习更加灵活和个性化，提高了学习效果和员工的工作满意度。

第三，组织学习理论促进了组织文化的数字化塑造。组织学习理论认为，学习是组织文化的核心，组织应该创造一个学习型的环境和氛围。数字化技术为组织文化的塑造提供了新的手段和渠道。通过数字化平台和工具，组织可以促进员工之间的信息共享和知识传递，鼓励员工之间的协作和学习，形成一个开放、包容和创新的组织文化。数字化塑造的组织文化可以增强组织的竞争力和创新能力，推动组织的可持续发展。

第四，组织学习理论促进了人力资源管理的数据驱动决策。数字化时代的到来带来了大数据的浪潮，而组织学习理论强调了学习和知识的重要性。将组织学习理论与数据分析相结合，可以帮助人力资源管理者更好地理解组织中的学习过程和知识传递，并基于数据驱动的决策来优化人力资源管理策略。通过数据分析，人力资源管理者可以更准确地评估员工的绩效、需求和潜力，制定有针对性的培训计划和晋升路径，提高员工的发展和满意度，进而提升组织的绩效和竞争力。

总之，组织学习理论对人力资源管理数字化发展具有积极的影响。它推动了人力资源管理的数字化转型，提供了数字化支持和工具，塑造了数字化的组织文化，并促进了数据驱动的决策。通过充分利用组织学习理论和数字化技术，人力资源管理者可以更好地应对挑战，提升管理效能，实现组织和员工的共同发展。

（五）员工参与和员工体验理论

员工参与和员工体验理论关注员工对工作环境、工作内容和组织文化的主观体验和感知。数字化人力资源管理应重视员工参与和体验，通过数字化平台提供员工自助服务、员工反馈渠道和员工参与决策的机会，以增强员工的参与度和满意度。

员工参与和员工体验理论对人力资源管理数字化发展具有积极影响。随着技术的不断进步和数字化转型的加速，企业需要将传统的人力资源管理方式转变为更加灵活、高效的数字化模式。而员工参与和员工体验理论提供了重要的理论基础和指导原则，可以帮助企业实现成功的数字化转型。

第一，员工参与理论强调员工在决策过程中的参与和共享责任的重要性。数字化发展使得企业的决策过程更加透明和民主化，员工可以更直接地参与到决策的制定和执行中。这不仅提高了员工的工作满意度和承诺度，还增强了员工对数字化转型的认同感。通过员工参与，企业可以更好地了解员工的需求和意见，从而更准确地设计和实施数字化工具和系统，提升人力资源管理的效果和质量。

第二，员工体验理论强调员工在工作中的感受和体验对于绩效和组织成果的重要性。数字化发展提供了更多的机会和工具来改善员工的工作体验。例如，通过引入智能化的人力资源管理系统，员工可以更便捷地完成日常的人事事务，减少烦琐的操作，提高工作效率。同时，数字化平台还可以提供个性化的学习和发展机会，帮助员工不断提升技能和知识。这些改进不仅提升了员工的工作满意度和幸福感，还有助于提高员工的绩效和创新能力，推动企业的数字化转型。

第三，员工参与和员工体验理论还能够促进组织文化的建设和传承。在数字化发展的过程中，企业需要不断推动组织文化的变革和创新，以适应新的工作方式和价值观。员工参与和员工体验理论强调员工作为组织文化的重要组成部分，他们的参与和体验对于组织文化的形成和发展至关重要。通过借鉴这些理论，企业可以建立积极、开放的组织文化，鼓励员工的创新和合作，推动数字化转型的顺利进行。

总之，这些理论为企业提供了指导原则，帮助企业更好地实施数字化转型，提升员工的参与度和工作体验，推动组织文化的建设和创新。通过充分发挥员工参与和员工体验的作用，企业可以有效应对数字化变革带来的挑战，提升绩效和竞争力，实现可持续发展。

（六）社交网络理论

社交网络理论研究人际关系和组织内外的信息流动。数字化人力资源管理可以借助社交媒体、内部社交平台和协作工具，促进员工之间的交流和合作，激发创新和知识共享，同时也利用社交网络分析方法来识别组织中的关键人物和信息传播路径。

在数字化时代，社交网络理论为人力资源管理提供了新的思路和工具，推动了其转型和发展。

第一，社交网络理论为人力资源管理提供了更深入的人际关系分析。传统的人力资源管理主要关注组织内部的人际关系，而社交网络理论将视野扩展到了更广泛的范围。通过分析员工在社交媒体平台上的互动和连接，人力资源管理者可以更好地了解员工之间的关系网络，识别出影响力较大的关键人物和团队，从而更有针对性地开展人才管理和领导力发展。此外，社交网络理论还可以帮助人力资源管理者预测和解决人际冲突，提高团队协作效率，增强组织的创新能力。

第二，社交网络理论促进了知识管理和信息传播的数字化。在过去，人力资源管理面临着信息传递不畅、知识流动受限等问题，而社交网络理论的应用为这些问题提供了解决方案。通过建立内部社交平台或利用现有的社交媒体工具，人力资源管理者可以搭建起组织内部的知识共享和信息传播网络。员工可以通过这些网络获取和分享信息，促进跨部门的合作和学习，加速知识的创造和传播。这种数字化的知识管理和信息传播方式不仅提高了组织的决策效率和创新能力，还增强了员工的参与感和归属感。

第三，社交网络理论支持人力资源管理的人才招聘和员工发展。随着社交媒体的普及和发展，越来越多的人开始将个人信息和职业经历展示在社交平台上，这为人力资源管理者提供了更多的招聘渠道和候选人信息。社交网络理论的应用可以帮助人力资源管理者更准确地找到符合组织需求的人才，通过分析候选人在社交网络上的互动和表现，了解他们的技能、价值观和适应能力。此外，社交网络理论还可以用于员工的职业发展和绩效管理，通过分析员工在社交媒体上的影响力和专业声誉，为他们提供个性化的发展机会和反馈。

总之，社交网络理论对人力资源管理的数字化发展具有积极的影响。它提供了更深入的人际关系分析、促进了知识管理和信息传播的数字化以及支持了人才招聘和员工发展。

随着社交网络理论的不断演进和技术的进步，人力资源管理将继续受益于其应用，实现更高效、智能和个性化的管理方式。

（七）灵活工作和远程工作理论

灵活工作和远程工作理论强调员工的工作方式和工作安排的灵活性。数字化人力资源管理可以支持灵活工作和远程工作，通过数字化工具和协作平台，实现远程协作、虚拟团队和弹性工作安排，以提高员工的工作满意度和工作效率。

灵活工作和远程工作理论对人力资源管理数字化发展的积极影响表现在以下方面：

第一，灵活工作和远程工作理论促进了人力资源管理的数字化转型。通过使用各种数字工具和技术，人力资源部门能够更高效地管理员工的信息、数据和绩效。例如，云计算技术可以帮助人力资源部门存储和共享大量的员工数据，使其更易于访问和管理。此外，在线协作平台和项目管理工具使得团队成员可以远程协作，促进了团队合作和信息共享。这些数字化工具和技术不仅提高了人力资源管理的效率，还降低了人力资源管理的成本，实现了更准确的数据和分析，为决策提供了更好的支持。

第二，灵活工作和远程工作理论为企业和组织提供了广阔的人才渠道。传统上，人力资源管理受限于地理位置和办公场所。然而，随着远程工作的普及，人力资源部门可以从全球范围内招聘和吸引优秀的人才，而不再受限于地域。这为企业和组织提供了更多选择和机会，可以雇佣最适合岗位的人员，从而提高绩效和创新能力。此外，远程工作也提供了更灵活的工作安排，使得员工能够更好地平衡工作和生活需求，提高员工的满意度和忠诚度。

第三，灵活工作和远程工作理论促进了员工的自主性和创新能力。传统的办公模式通常依赖于固定的工作时间和地点，限制了员工的自主性和创新。然而，灵活工作和远程工作理论鼓励员工在更自由的环境下工作，根据自己的节奏和风格进行工作。这种自主性和灵活性激发了员工的创造力和创新能力，使得他们更有动力提出新的想法和解决问题的方法。人力资源管理可以通过提供支持和培训，帮助员工在远程工作环境中发挥最佳水平，并激励他们充分发挥自己的潜力。

第四，灵活工作和远程工作理论促进了工作与生活的融合。传统的工作模式常常导致员工的工作与生活之间的冲突和不平衡。然而，灵活工作和远程工作理论提供了更灵活的工作安排，使员工能够更好地平衡工作和个人生活。员工可以更好地安排自己的时间，照顾家庭需求，参与社交活动或追求个人兴趣。这种平衡和融合有助于提高员工的生活质量和工作满意度，并减少员工的压力和疲劳，从而提高其工作效率和绩效。

总之，灵活工作和远程工作理论对人力资源管理数字化发展产生了积极的影响。它促进了人力资源管理的数字化转型，扩大了人才池，提高了员工的自主性和创新能力，以及实现了工作与生活的融合。随着这两种工作方式的普及和发展，人力资源管理数字化发展将在未来继续受益，并对企业和组织的成功发挥着重要作用。

这些理论可以为人力资源管理数字化提供更深入的理解和指导，帮助组织更好地应对数字化转型和发展的挑战，实现人力资源管理的创新和优化。

二、人力资源管理数字化的国内经验借鉴

人力资源管理数字化的经验借鉴可以帮助组织顺利实施人力资源管理的数字化转型，并获得更好的业务成果和员工体验。

（一）人力资源管理数字化的国内经验

1. 首钢集团

我国钢铁企业呈现集团化、规模化的发展趋势。未来，钢铁行业的竞争取决于企业的综合管控，其中数字化转型将起到决定性的作用。当前首钢 e-HR[①] 系统存在覆盖范围小、专业管理应用面窄、信息不完整、运行效率低、系统软硬件结构环境不适应等问题。基于以上问题，首钢迫切需要加快 e-HR 系统建设，实现人力资源管理的信息化和数字化，全面提升网络化水平。

首钢的人力资源管理数字化转型包括几个方面：（1）对组织构架进行调整，改变顶层设计；（2）转变人力资源管理的运营模式，管理策略和职能定位；（3）提升人力资源信息化、数据化的整合能力；（4）提升系统化和平台化的管理能力；（5）形成人力资源管理的人才需求、人才甄别、人才留用和人才发展的全价值链的数字化闭环管理体系。

具体到 e-HR 建设主要表现为：

第一，统一数据信息接口。将"集中"部署模式改造为"集中+分布"部署模式，解决首钢 e-HR 系统与各成员单位系统的接口不统一的问题，在全集团范围内，构建一个数据优化、信息共享、流程标准的集成式人力资源信息管理平台。

第二，拓展平台系统功能。首钢投入大量资金用于加强软件开发力度、扩展与改善系统功能，推进业务流程建设数字化，夯实 e-HR 系统数字化建设基础。

[①] e-HR 就是电子人力资源管理，是基于信息和互联网技术而进行的一种新型的人力资源管理模式；其不仅能实现企业人力资源管理信息化&自动化，还能实现与财务流、物流、供应链、客户关系管理等系统关联化和一体化。

第三，开展数字化专项培训。编写首钢 e-HR 系统操作指南手册和常见操作问答手册，通过加强普及性培训、抽样调研、专题座谈、网络会议等措施，帮助专业人员快速掌握 e-HR 系统，提高操作水平。修订完善首钢 e-HR 系统管理和业务操作管理制度、建立了 HR 监督考核机制，目前首钢 e-HR 平台已经帮助首钢实现了人力资源数字化成功转型。

2. 京东集团

2018 年，京东开始全方面地向技术转型。在转型过程中，京东从组织、人才、文化、技术四个方面综合打造企业的人力资源管理数字化生态，推动企业全方位转型。

数字化转型的经验借鉴如下：

第一，重建组织构架。京东在企业内建立了具备开放、赋能、共创三大特质的"竹林共生"的生态组织，建立了灵活的矩阵式任务平台机制，高效快速地响应业务需求。同时，京东开启了未来用工方式的探索——Z 计划，对公司内部不同的业务条线进行分析，取代机械化岗位、设立新兴岗位，重构组织架构。

第二，模块化人才数据。京东的 HR 团队提出了"积木"理论。将人力资源进行模块化整理，将人才量化成一个个基础模块，当团队需要时人才时可形成快速响应的积木团队。

第三，转变为数字化思维。企业不断引导和培养员工的数字化心智和产品思维，数字化带来的改变与价值需要获得员工充分的认同和理解，形成企业内部广泛认可的数字化文化。

第四，应用数字化新技术。最后通过逐步加强技术基础、提升数字化能力，京东为未来人力资源数字化转型奠定了良好的基础。

3. 中国平安

中国平安在时代契机下作出的选择，其中人力资源管理数字化正是关键一步。人力资源管理数字化转型过程中，中国平安始终坚持"产品智能化""流程线上化""底层数据驱动"三位一体的体系。为此，中国平安搭建了大数据平台、设立了画像产品线，为各类数字化应用提供有力支撑。

第一，搭建大数据收集和分析平台。数据一直以来都是实现人力资源管理数字化的基础。平安一直留存所有历史数据，并将历史数据统筹到大数据平台，经过清洗、抽取、聚合、加工、建模形成有效的数据。目前，中国平安依旧在不断完善数据，不断使用更科学的方法管理数据，不断提升数据计算能力，力图让底层数据驱动数字化应用尽快落地。

第二，构建岗位画像和人才画像。中国平安利用数据为每个岗位、每位员工描绘岗位及人才画像，并以此作为数据化的核心驱动。人才画像贯穿员工"平安生涯"，从招聘候选人面试、录用、转正、培训、考核再到晋升，画像不断完善，颗粒度逐渐从模糊到清晰，形态逐渐从单薄到立体。人才画像与岗位画像间的匹配结果相互影响、互为参照，为各类数字化场景输出提供决策支撑。例如招聘管理，中国平安比照需求岗位的画像模型，对海量候选人的简历进行匹配度自动评分，省去大量人工筛选的时间，并将 AI 机器人直接引入面试或是辅助人工面试。

第三，搭建线上员工自助服务平台。为满足外部合作公司、内部员工的人事服务的"刚性需求"，中国平安通过一款移动端 App 应用，让员工可以随时自助办理入职手续、查考勤、办证明、查薪酬等人事服务，完全改变了原来事事提流程、跑柜台、催进度的人工操作方式。人员从相对被动地提出需求、等待解决，变为自主地发起各类人事需求、自助地利用数字工具快速、便捷的解决各类人事问题，同时平台还可搜集用户的反馈意见或建议，帮助产品更新迭代。

(二) 人力资源管理数字化的经验总结

第一，人力资源管理数字化转型以思维转变为前提。企业人力资源管理数字化转型不仅仅是一种技术变革，更是一场人员认知与思维的变革。人力资源管理的思维逻辑将由职能思维转变为产品思维，构建人力资源大数据和数据分析体系，分析数据，驱动创新。在企业内部形成数字化的文化，HR 成为变革支持者的角色，引领和拥抱变革。提高员工对数字化的价值认同，吸纳和培育具有数字化思维的人才。

第二，人力资源管理数字化转型以技术应用为手段。对于体量较大或技术推广成本较高的企业而言，平台软件适用、好用十分重要，挖掘人力资源管理需求点、解决痛点，平台交互性高，界面友好，便于数据的查询、统计、分析和管理，这是大部分企业的成功经验。

第三，人力资源管理数字化转型以优化决策为目标。人力资源管理数字化的总体目标就是要达到人力资源管理的流程化、自动化，员工服务智能化，进而改善员工体验。通过进一步完善"以数据和数据分析为决策依据"的管理体系，利用业务流程化的数字平台，将其整合到员工管理的各个方面。例如从招聘候选人的测评、招聘、转正、培养、考核再到提拔，通过数字化手段，对人才画像与岗位画像不断完善，匹配结果相互影响、互为参照，为企业各种数字化场景输出提供决策支撑。利用数字化人力资源管理系统，建立有效促进企业战略目标实现的人力资源供应体系。以数据管理为基石，以智能分析为技术手段，全方位了解组织人员现状，并科学预测与评估未来人力资源管理可能面临的威胁和挑战，从而为组织制定更合理有效的人才决策。

第三节 人力资源管理数字化的模式

一、人力资源管理数字化模式的构建意义

"目前，我国企业正处在经营发展的关键时期，推行人力资源管理数字化，既能满足企业内部发展的需求，也顺应了社会发展的大潮流。"[①] 人力资源管理数字化模式的构建具有许多重要意义。

第一，提高工作效率。数字化人力资源管理可以自动化烦琐的任务，如招聘流程、员工培训和绩效评估等。这样可以节省时间和精力，使人力资源团队能够更专注于战略性工作和员工关系管理，提高工作效率。

第二，数据驱动决策。数字化人力资源管理可以收集、分析和呈现大量的人力资源数据。这些数据可以帮助决策者更好地了解组织的人力资源状况，包括员工离职率、薪资水平、培训需求等。通过基于数据的决策，组织可以更准确地制定战略、优化人力资源配置，从而提高绩效和效益。

第三，增强员工体验。数字化人力资源管理可以提供更好的员工体验。员工可以通过自助门户访问和管理自己的个人信息、薪酬和福利、培训机会等。这种自主权和便利性可以增加员工的满意度和参与度，并提高员工保留率。

第四，促进沟通和协作。数字化人力资源管理工具可以促进组织内部的沟通和协作。员工可以使用在线平台进行团队合作、知识共享和反馈交流，加强内部协作和信息流动，提高工作效率和团队合作能力。

第五，强化数据安全和合规性。数字化人力资源管理可以加强数据安全和合规性。通过合适的权限设置和加密措施，可以保护员工的个人信息和敏感数据不被未经授权的人访问。此外，数字化系统可以帮助组织遵守适用的法律法规和行业标准，降低合规风险。

总之，构建数字化人力资源管理模式可以提升工作效率，优化决策过程，增强员工体验，促进协作，并加强数据安全和合规性。这将为组织提供更大的竞争优势，并为其长期发展打下坚实的基础。

[①] 赵宗倩. 人力资源管理数字化转型：要素、模式与路径 [J]. 营销界，2023，(03)：17.

二、人力资源管理数字化模式的类型

人力资源管理数字化模式可以根据不同的功能和应用领域进行分类。

（一）人力资源信息系统

人力资源信息系统（Human Resource Information System，HRIS）是一种集成的数字化平台，用于管理和处理与人力资源相关的数据和流程。它通常包括员工信息管理、招聘与甄选、薪资与福利、培训发展、绩效管理和员工自助服务等功能。人力资源管理系统可以用来采集输入记录（譬如人员变动信息、考勤等），储存信息形成数据库，分析数据，执行操作（譬如形成报表、生成合同等）。人力资源信息系统使企业人力资源管理工作效率大幅度提升，让人力资源人员从繁杂重复的劳动中解放出来，使企业人力资源管理实现了流程化、规范化管理，形成的报告、报表能为管理者决策提供依据。

1. 人力资源信息系统的作用

（1）数据集中和自动化。人力资源信息系统通过集中存储和管理员工的基本信息、薪资、绩效、培训记录等关键数据，实现了数据的集中和自动化处理。传人力资源信息系统可以将这些过程数字化，提高数据的准确性和可靠性，同时减少了人工操作的工作量和错误率。

（2）流程优化和效率提升。人力资源信息系统可以帮助优化人力资源管理的各项流程，包括招聘、员工入职、培训、绩效评估、薪酬管理等。通过自动化和标准化的流程，人力资源信息系统能够减少人工干预和烦琐的操作，提高流程的效率和准确性，从而节省时间和资源。

（3）数据分析和决策支持。人力资源信息系统可以提供丰富的数据分析功能，帮助人力资源部门更好地理解员工数据和趋势，为决策提供数据支持。通过人力资源信息系统，人力资源管理者可以获取有关员工离职率、绩效表现、培训成果等关键指标的实时信息，并进行深入分析，从而作出更明智的战略和运营决策。

（4）自助服务和员工参与。人力资源信息系统可以提供自助服务平台，让员工可以自主查看和管理个人信息，如薪资、假期余额、个人培训计划等。这种自助服务的方式可以增加员工的参与感和满意度，同时减少了人力资源部门的日常操作负担，使员工和管理者能够更快速地获取所需信息和完成相关任务。

（5）跨部门协作和沟通。人力资源信息系统可以促进不同部门之间的信息共享和协作。通过人力资源信息系统，不同部门可以共享员工信息、团队协作计划、绩效目标等，促进跨部门合作和沟通。这有助于增强组织的整体协同能力，提高工作效率和团队协作水平。

总之，人力资源信息系统对人力资源管理的数字化发展起到了重要的作用，包括数据集中和自动化、流程优化和效率提升、数据分析和决策支持、自助服务和员工参与，以及跨部门协作和沟通等方面。通过使用人力资源信息系统，组织能够更好地管理和利用人力资源，提高工作效率和员工满意度，为组织的可持续发展提供支持。

2. 人力资源信息系统的影响

人力资源信息系统对人力资源管理的数字化发展具有积极影响。

（1）自动化流程。人力资源信息系统可以自动化许多烦琐的人力资源管理流程，如员工招聘、入职、离职、考勤管理等。这减少了手工处理的工作量，提高了工作效率，并减少了人为错误的可能性。

（2）数据集中化。人力资源信息系统将员工的各种信息和数据集中存储在一个系统中，包括个人信息、合同、薪资、绩效评估等。这使得人力资源团队能够更轻松地访问和管理这些数据，有助于及时作出决策和提供准确的数据报告。

（3）提高数据分析能力。人力资源信息系统可以生成各种人力资源指标和分析报告，帮助管理层更好地了解组织内部的人力资源情况。通过对数据的分析，可以发现人力资源管理中的趋势、问题和机会，并采取相应的策略和措施。

（4）增强员工自助功能。人力资源信息系统提供员工自助功能，允许员工自行访问和更新他们的个人信息、薪资单、假期申请等。这降低了人力资源团队的工作负担，提高了员工满意度和参与度。

（5）改善决策支持。人力资源信息系统提供了更准确、实时的数据，使人力资源决策更有依据和可靠性。管理层可以基于系统生成的数据报告和分析结果作出决策，而不再依赖于主观判断或不完整的信息。

（6）强化合规性和安全性。人力资源信息系统可以确保员工数据的安全和合规性。系统可以设定权限和访问控制，确保只有授权人员可以访问敏感信息。此外，人力资源信息系统还能够自动化合规性流程，确保组织遵守法规和政策。

总之，人力资源信息系统的引入使得人力资源管理数字化发展更加高效、准确和可靠。它提供了许多工具和功能，可以帮助人力资源团队更好地管理和利用人力资源，为组织高效管理作出贡献。

（二）人才管理系统

人才管理系统（Talent Management Solution，TMS）主要关注员工的招聘、绩效管理和人才发展。它包括招聘管理、绩效评估、绩效奖励、绩效改进计划、人才发展规划等功能。TMS可以帮助组织优化招聘流程、跟踪员工绩效、提供培训和发展机会，并制定个性化的人才管理策略。

人才管理系统在人力资源管理数字化发展中发挥着重要的作用，并产生积极的影响。人才管理系统对人力资源管理数字化发展的作用和积极影响主要包括以下几个方面：

第一，自动化和集成化。人才管理系统通过自动化和集成化的特性，将人力资源管理的各个环节整合在一起，包括招聘、员工培训、绩效管理、薪酬管理等。这使得人力资源管理流程更加高效、简化，减少了烦琐的手动操作，提高了工作效率。

第二，数据驱动决策。人才管理系统能够收集、存储和分析大量的员工数据，包括个人信息、绩效评估、培训记录等。通过对这些数据的分析，管理者可以更好地了解员工的情况，作出基于数据的决策。这使得人力资源管理更加科学化、精确化，并提供支持战略规划和业务决策的依据。

第三，信息透明和沟通效率提升。人才管理系统提供了一个统一的平台，员工和管理者可以在其中进行信息共享、沟通和反馈。员工可以随时查看和更新个人信息、了解组织的政策和流程，同时也可以与管理者进行交流和反馈。这促进了组织内部信息的透明度和沟通效率的提升。

第四，绩效管理和激励机制优化。人才管理系统能够帮助管理者更好地进行绩效管理和激励机制的设计。通过系统的绩效评估功能，管理者可以更加客观地评估员工的绩效表现，并及时进行反馈和奖励。这有助于激发员工的积极性和动力，提高整体绩效。

第五，人才发展和留存。人才管理系统提供了一个全面管理员工发展的平台。管理者可以根据员工的技能、培训记录和发展需求，制定个性化的培训计划和职业发展路径。这有助于提升员工的专业能力和工作满意度，增强员工的忠诚度和留存力。

总之，人才管理系统在人力资源管理数字化发展中的作用是全面推动人力资源管理的现代化和科技化。它提高了管理效率和决策的准确性，促进了信息透明和沟通效率的提升，优化了绩效管理和激励机制，同时也支持员工的个人发展和留存。这些积极的影响有助于组织更好地管理和发展人力资源，提高组织的竞争力和可持续发展能力。

（三）学习管理系统

学习管理系统（Learning Management System，LMS）是一种数字化平台，用于管理和提供在线培训和学习资源。它包括在线培训课程管理、学员注册和参与管理、学习资源库、学习评估和报告等功能。LMS可以帮助组织提供灵活的学习机会，促进员工的职业发展和知识更新。

学习管理系统在人力资源管理数字化发展中扮演着重要的角色，并带来了积极的影响。学习管理系统对人力资源管理数字化发展的作用和积极影响主要包括以下几个方面：

第一，提供在线学习和培训机会。学习管理系统可以为员工提供在线学习和培训的机会，使他们能够随时随地通过网络学习新知识和技能。这有助于提高员工的专业知识和能力，促进组织的人力资源发展。

第二，个性化学习和发展计划。学习管理系统可以根据员工的需求和兴趣提供个性化的学习和发展计划。通过评估员工的技能水平和职业目标，系统可以为他们提供定制的学习资源和培训建议，帮助他们在职业生涯中实现个人和职业目标。

第三，提升培训效果和评估。学习管理系统可以跟踪员工的学习进度和成果，提供实时反馈和评估。这样，人力资源管理者就可以更好地了解培训的效果，评估员工的学习成果，并根据需要进行调整和改进。

第四，促进知识共享和协作。学习管理系统可以促进员工之间的知识共享和协作。员工可以通过系统共享他们的学习经验、最佳实践和解决问题的方法，从而建立一个学习和协作的社区。这有助于加强组织内部的沟通和团队合作，促进知识的传递和组织学习。

第五，数据驱动的决策。学习管理系统可以生成大量的学习和培训数据，人力资源管理者可以利用这些数据进行分析和决策。他们可以了解员工的学习需求、培训偏好和绩效表现，并根据数据提供的见解进行战略规划和决策，以优化组织的人力资源管理。

总之，学习管理系统通过提供在线学习机会、个性化学习计划、培训效果评估、知识共享和数据驱动的决策等方面的支持，推动了人力资源管理的数字化发展，为组织和员工带来了积极的影响。它提高了员工的学习和发展机会，促进了组织的人力资源发展，提高了工作效率和绩效水平，加强了团队协作和沟通，并为人力资源管理者提供了更多的数据驱动决策的能力。

（四）绩效管理系统

绩效管理系统（Performance Management System，PMS）用于管理和评估员工的绩效表现。它包括目标设定、绩效评估、绩效反馈、奖励与激励等功能。PMS可以帮助组织建立明确的绩效标准和目标，提供定期的评估和反馈，促进员工的成长和绩效改进。绩效管理系统在人力资源管理数字化发展中起着关键作用，并带来了积极的影响。

第一，目标设定和绩效评估。绩效管理系统提供了一个数字化的平台，使组织能够明确设定目标，并跟踪员工在实现这些目标方面的表现。它可以帮助管理者更好地评估员工的工作绩效，为绩效评估提供客观、可量化的数据依据。

第二，个人发展和职业规划。通过绩效管理系统，员工和管理者可以共同探讨员工的个人发展目标，并制订相应的计划。系统可以记录员工的培训和发展需求，以及他们在达到这些需求方面的进展情况。这有助于员工进行职业规划，并提供了一个可追踪的框架来跟踪个人成长和发展。

第三，激励和奖励。绩效管理系统可以用于确定和管理激励和奖励计划。通过明确的绩效评估和目标达成情况，系统可以识别出表现优秀的员工，并给予相应的奖励和激励措施。这有助于增强员工的工作动力和参与度，提高整体绩效水平。

第四，反馈和沟通。绩效管理系统为员工和管理者提供了一个交流和反馈的平台。员工可以随时了解自己的绩效评估结果，并与管理者讨论改进和发展的机会。系统还可以支持实时的反馈和评估过程，使员工和管理者能够及时沟通，并进行必要的调整。

第五，数据分析和决策支持。绩效管理系统生成的数据可以进行深入分析，为组织提供有关员工绩效和绩效趋势的洞察。这些数据可以帮助管理者作出更加明智的决策，如人员配置、培训投资和激励计划的优化。通过数据驱动的决策，组织可以更好地利用人力资源，提高整体绩效和竞争力。

总之，绩效管理系统在人力资源管理数字化发展中发挥着重要的作用，可以提高绩效评估的准确性和客观性，促进员工的发展和激励，加强反馈和沟通，支持数据驱动的决策。这些积极影响有助于提升组织的绩效管理效能和员工的工作满意度。

(五) 员工自助服务平台

员工自助服务平台（Employee Self-Service，ESS）是一种数字化平台，为员工提供自主管理和访问自己相关信息的能力。它包括个人信息管理、薪资和福利查询、假期申请、培训报名等功能。ESS 可以提高员工的参与度和满意度，减少人力资源部门的日常事务性工作。不同组织可以根据自身需求和目标选择适合的数字化模式，并进行定制化的实施。员工自助服务平台在人力资源管理数字化发展中起到了重要的作用，并带来了许多积极的影响。

第一，提高工作效率。员工自助服务平台通过提供在线申请、审批和查询等功能，简化了许多烦琐的人力资源流程。员工可以自行完成许多常规操作，如请假申请、加班申请、报销申请等，减少了传统手动处理的时间和工作量，提高了工作效率。

第二，促进信息共享。员工自助服务平台为员工提供了一个集中管理信息的平台，使得各种政策、制度、规章等能够随时随地被员工获取。员工可以通过平台了解公司的最新动态，获取培训资料，参与员工活动等。这样的信息共享可以促进员工与企业之间的沟通和互动，增强员工的归属感和参与感。

第三，提升员工满意度。员工自助服务平台为员工提供了更加便捷、灵活的服务体验。员工可以根据个人需求自主管理自己的假期、福利、薪资等事项，提高员工的参与度和满意度。同时，平台上的信息透明度和及时性也增加了员工对企业的信任感和满意度。

第四，降低人力成本。通过员工自助服务平台，许多人力资源管理流程可以自动化和标准化，减少了对人力资源部门的依赖和人力资源管理的工作量。这样可以节省人力成本，使人力资源部门能够更专注于战略性和高附加值的工作，如人才发展和员工关系管理。

第五，数据分析和决策支持。员工自助服务平台记录了大量的员工数据，如薪资、考勤、绩效等。这些数据可以被用于人力资源分析，帮助企业了解员工的工作情况、绩效表现、离职率等，从而进行人力资源决策和优化。通过数据驱动的决策，企业可以更好地了解员工需求、进行人力资源规划，并提供更精确的员工培训和发展计划。

总之，员工自助服务平台对人力资源管理数字化发展的作用是多方面的。它提高了工作效率，促进了信息共享，提升了员工满意度，降低了人力成本，并提供了数据分析和决策支持。这些积极的影响有助于企业更好地管理和发展人力资源，提升整体组织绩效。

三、人力资源管理数字化的模式构建策略

随着科技的迅猛发展，人力资源管理正经历着一场全面数字化转型。这种转变旨在提高人力资源管理的效率、准确性和可持续性，以更好地满足组织的需求和员工的期望。在构建数字化的人力资源管理模式时，企业需要制定相应的策略，以确保成功实施和运营。

第一，构建数字化的人力资源管理模式需要明确的战略目标。企业应该明确数字化转型的目标和愿景，并将其与组织的整体战略和价值观相结合。这意味着人力资源部门需要与高层管理层密切合作，了解组织的战略方向和长期目标，以便确定数字化人力资源管理的重点和优先事项。

第二，构建数字化的人力资源管理模式需要投入适当的技术和工具。企业需要评估并选择适合其需求的人力资源管理软件和平台。这些工具可以包括人力资源信息系统、员工自助平台、在线培训和绩效管理系统等。这些技术和工具可以帮助企业实现员工数据的集中管理、自助式操作和实时分析，从而提高人力资源管理的效率和准确性。

第三，构建数字化的人力资源管理模式需要加强数据驱动决策能力。数字化转型使得企业可以更好地收集、分析和利用大数据，从而为人力资源决策提供更准确的基础。企业

应该建立数据仪表板和分析工具，以监控和评估关键人力资源指标，如员工流失率、员工满意度和绩效表现等。这样的数据驱动决策能力可以帮助企业更好地理解员工需求，优化人力资源策略，并制订有针对性的人才管理计划。

第四，构建数字化的人力资源管理模式需要重视员工体验。数字化转型不仅仅是技术的引入和应用，更重要的是改善员工的工作体验和福利。企业可以利用数字化工具提供更灵活的员工福利和奖励制度，如在线培训、健康管理平台和灵活工作安排等。此外，企业还可以通过员工自助平台和移动应用程序提供更便捷的员工服务和沟通渠道，以增强员工参与感和满意度。

第五，构建数字化的人力资源管理模式需要持续的监测和改进。数字化转型是一个持续的过程，需要不断评估和改进人力资源管理策略和实践。企业应该建立反馈机制，定期收集员工的意见和建议，并根据反馈结果进行相应的调整和改进。此外，企业还应该关注行业的最新趋势和技术发展，及时更新人力资源管理模式，以保持竞争优势。

总之，构建数字化的人力资源管理模式需要明确的战略目标、适当的技术投资、数据驱动决策能力、关注员工体验和持续的监测和改进。这些策略将帮助企业有效应对数字化时代的挑战，并实现人力资源管理的优化和卓越。通过数字化转型，企业可以更好地满足员工和组织的需求，提升竞争力，并取得长期的成功。

第四节 人力资源管理数字化的优化策略

一、构建职位胜任度分析平台，实现数字化人岗匹配管理

岗位胜任度分析平台是一种用于评估员工或候选人在特定岗位上是否具备所需能力和技能的工具。该平台通常结合了心理学、人力资源管理和数据分析等领域的知识，通过多种评估方法来评估个体的胜任度。为适应企业发展，企业需要搭建岗位胜任分析平台，提高组织"人才识别"的能力，提高员工的岗位胜任力和人岗匹配管理效率。

（一）岗位任职标准数字化

目前企业岗位胜任标准是由 HR 根据同行业类似岗位普遍认可的任职标准而确立的，包括岗位任职条件，应具备的素质和工作内容等要求。具体来说就是对岗位所需的学历、技能资格证书、工作职责及承担责任的综合描述。

人力资源管理应基于公司发展战略、文化，结合行业发展状况等信息，通过领导访谈、员工调研、任务分析以及能力比较四种方法，循证识别岗位的核心素质项目。核心素质项目包括：①基本信息，如学历、工作经验、现任职位等；②能力指标项，如必备知识、专业技能和绩效标准；③参考项，如道德品质、行为规范等信息，建立适合企业发展的岗位任职标准。

（二）关键岗位评估标准数字化

企业人力资源部需要建立一套有效的评估标准，判定企业内部的关键岗位，避免以领导层级和岗位职级高低来判断企业的关键岗位。关键岗位承担了企业发展的重要责任，掌握企业重要资源；在一定时间内，关键岗位难以由内部员工或外部人员代替；同时此类岗位应当同企业发展战略相辅相成。

基于岗位价值，可以从四个视角进行分析：①大数据供需视角，根据外部人才市场供应及内部人才分布情况，系统性评估哪些是企业内重要且稀缺的岗位。②风险视角，根据人才分布（同类别的人才数量）及员工忠诚度等数据指标，科学评估哪些是企业内风险高的岗位。③战略视角，根据企业战略解码，评估哪些是对企业战略有贡献的重要岗位。④业务视角，根据业务与价值链分析，量化评估哪些是组织中的核心岗位。通过四大视角循证，最终建立一套关键岗位的系统评估标准，实现关键岗位识别的标准化、数字化。

（三）人才评估数据数字化

企业应完善人才评估标准，运用"经能潜动"四维岗位胜任力模型对人才进行综合评估。四大维度简称"经、能、动、潜"，即经历、能力、动力及潜力。具体来说，就是从被评估者过往的工作经历、工作经验，所取得的学历证书、技能证书、荣誉证书、所展现出来的工作绩效，以及未来持续创造工作绩效的驱动力，潜在的、未发掘的其他能力等，多维度、综合性地对人才进行评估。通过应用大数据信息，对个人的过去、现在和将来进行全面的、标准化的、可视化的评估。

同时，企业可建立自己的能力词条字典库，包括系统思考、战略执行、有效沟通、团队合作、项目管理、专业提升、问题分析等各类词条信息；然后运用"经能潜动"四维度模型及自定义的能力词条字典库对人才进行系统评估，输出人才在各个维度的得分；最后根据岗位能力侧重点的差异加权各维度得分，测算并判定人员的综合能力指标，实现人才评估数据的标准化、数字化。

(四) 输出岗位人才画像

企业通常注重于胜任岗位员工所表现出来的显性特点。在当前数字化背景下，组织的人才画像应当根据企业的显性的岗位职责定义与内在的隐性潜质构成，并涵盖关键岗位中冰山上层的知识技术、创新能力，到冰山下层的个性特征，驱动力，工作动机等各种综合因素。画像一般分为能力画像（认知能力+能力倾向）、关键技能（主要知识和技能）、个性画像（职业个性和核心个性特质）、驱动力画像（激励因素）。企业还可以利用"经、能、潜、动"的四维岗位胜任力模型，拓展组织人力资源维度，描绘职位胜任者的动态人才画像。人才画像也要经过不断迭代，所以必须经过逐年积累数据持续优化，这样才能够保证岗位胜任标准与人才画像的一致性。企业的人才画像要立足于大数据挖掘，专注于高绩效，把为获得岗位高绩效需要的各项技能要求做数据化呈现。

(五) 自动关联胜任岗位

应将企业的人才画像与待评估的人才数据进行自动匹配，对照在岗人员或应聘候选人是否贴合组织的人才画像。如果贴合度较高，说明在岗人员或应聘候选人的岗位胜任力较好。整体来说，企业可以通过多视角（领导访谈、员工调研、任务分析、能力比较识别核心素质项）循证岗位任职标准，四维度（经历、能力、动力和潜力）优化人才评估标准，同时基于数据分析，聚焦于高绩效，全面描绘岗位胜任者的人才画像。最后运用岗位胜任分析数字化平台，将待评估的人才数据与组织人才画像自动匹配，实现大数据人岗匹配度分析，为人力资源部门进行人才选用或对在岗人员岗位胜任评估时提供决策依据。

二、构建人才盘点评估平台，实现数字化人才动态管理

人才盘点评估平台是一种用于评估和管理组织内部员工的工具。该平台通过系统化的方式收集和分析员工的信息和数据，帮助组织了解员工的能力、潜力、兴趣和发展需求，以便更好地进行人才管理和决策。搭建人才盘点评估平台，能够帮助企业明确当前的人才状况、人才缺口、改善人才配置，实现人才动态管理数字化。

(一) 选定盘点对象

对于关键岗位的人才盘点，由企业内部的人力资源、各部门负责人、高管团队组成人才盘点团队，选定关键岗位、明确人才盘点的具体范围及名单。

关键岗位就是从对企业的价值和稀缺性上确定盘点范围，包括核心管理层、核心技术

或业务骨干、中长期项目主要负责人、培养难度大、市场稀缺人员，以及关键业务环节的主导者。对于全员人才盘点，就是对企业内部的所有人员进行盘点。所以，应建立以能力为中心的人才账本，并持续更新。通过人才盘点，让员工职业生命周期全过程更具有动态的管理性，人才生命周期更长，人才发展决策更优。

（二）获取盘点数据

获取人才盘点数据是指设定人才评估维度，并收集与人员有关的信息。一般包括绩效、能力和潜力这三个层面的信息。

在绩效维度方面，我们可以将其进行强势分类，以更好地评估人员的过去表现。绩效结果能够反映人员的专业知识、技术能力、工作经验等多方面综合因素，也能够预见他们实现高绩效的潜力。通常选择近三年的业绩资料进行人员盘点，这样可以较为全面地了解他们的绩效情况。

在能力维度方面，我们可以考虑员工的学历、职称、当前岗位经验、沟通能力、知识技能、解决问题能力和管理能力等7个项目。我们可以对这些项目进行综合加权，从而得到每个员工的能力得分，并将他们进行能力等级分类。这样可以更好地评估人才的当前情况，包括他们的学识水平、技术能力、工作经验等多个要素，同时也能够帮助我们预见他们未来实现更高绩效的可行性。

在潜力维度方面，我们可以考虑成就动机、学习能力、洞察力和前瞻性等指标来评估人才的潜力。根据这些潜力指标的评估，我们可以综合评定每个员工的潜力等级，分为高潜力、中潜力和低潜力。这样可以更好地预示每个员工在未来是否有被提升到某个层级甚至几个层次的潜力。

总之，以上三个维度的评估，可以让我们全面了解每个员工的情况，并据此进行人才盘点。这些数据和评估结果将有助于我们更好地了解组织内部的人才结构和潜力分布，为人才发展和绩效管理提供科学依据。

（三）建立盘点中心

建立人才盘点中心是一项战略性的举措，可以帮助组织更好地管理和发展人才。将所收集的数据输入九宫格人才盘点管理数字化系统，对人员绩效项和潜能项进行评估。业绩表现可分成三个级别，高绩效为业绩表现超过设定目标，中等绩效为业绩表现达到设定目标，低等绩效为业绩表现未达到设定目标。绩效较差者，仍需要继续改善。潜力项同样也可以分成三个层次，高潜能为经过训练可以具备更高级职位的能力，中潜能为同级别职位中能胜任更复杂职位的能力,低等潜能为要求不断提升知识并进行系统训练以适应当前职业需求。

（四）应用盘点结果

企业通过绩效和潜力指标双维度的人才盘点,可以全面了解组织内全员或关键岗位的人才定位,生成人才名单或绘制人才地图;了解组织纵向的各职能与部门、横向各层级现有人才分布情况;直观地了解组织拥有什么样的人才以及人才的数量、能力、潜力;了解组织对人才质量和数量的准确需求,与企业发展目标一致,满足企业战略目标、组织结构、核心岗位和关键能力的需求。由此,可以找出企业当前拥有和需求的人才差距,为后续的人才方案提供依据。

企业通过数字化动态人才盘点,可以帮助企业进行如下决策：

第一,构建人才池。基于评估结果、盘点结果添加人才标签,对人员进行标识,后续可根据标签筛选培养人才及储备干部。

第二,人才梯队的建设。根据人才数字化盘点结果,合理地进行人才结构的优化,及时填补差缺的人才序列,减少多余的人才序列编制,保证各序列人才的合理配置及配比。

第三,人才发展需求分析。借助在线绩效管理平台缩短绩效评估周期与反馈周期,更快地帮助员工改善绩效,使绩效管理更加灵活;帮助管理层深入了解基层员工的工作情况;通过应用基于移动端的在线学习平台,使员工更容易利用碎片时间参与各种培训课程和考核;通过基于各类员工信息收集、整合职业生涯发展规划,帮助员工洞悉未来发展路径,实现人才梯队建设,帮助企业人才发展决策等。

三、构建人才发展规划平台,实现数字化职业发展管理

（一）人才风险评估标准化

在人力资源管理中,最大的风险就是关键员工流失的风险。流失概率可以通过员工对企业的满意度获知,例如从待遇的竞争性、关系的和谐性、发展的可能性以及环境的客观性等综合因素判定。流失后对企业的影响情况可以从财务指标的影响、流程绩效的影响、士气氛围的影响以及品牌感知的影响四个方面来判断,以上指标的影响力越大,说明该人员的重要性越强。因此,基于以上数据可以建立企业的人才风险矩阵,从而更好地定位关键人才流失风险。通过人才风险矩阵预警,人力资源部门能够及时采取干预措施,做好预防措施降低风险,做好人才的留用及继任规划,从而让企业的绩效发展更稳定、更持久,

塑造更健康的企业人才队伍。

（二）岗位价值评估标准化

岗位价值评估就是对岗位的工作任务量、难易程度、承担的责任大小、所需的岗位技能等多方面进行的系统化比较和评估。因此，判断岗位对企业目标实现的贡献情况就是通过量化岗位在企业中的相对价值。岗位价值的评估需要遵循五大原则，即对岗不对人、评估因素的一致性、评估因素的完备性、评委独立评判、纠偏原则，要保证评估结果的客观性。通过岗位价值分析，可以为薪酬管理提供依据，促进企业人力资源管理水平的提升，加深管理者对岗位职能价值的认识。通过建立岗位价值分析矩阵，人力资源部可以系统性的评估那些是值得制定继任计划的关键岗位。

（三）输出组织人才梯队图谱

对于人才梯队的建立，人力资源部必须做好如下充分准备：①对公司未来几年内人才的需求有清晰的认识；②有明确的培训路线；③发掘人才的潜力，并制订明确的流程、计划和机制来保证人才梯队的建设。从公司发展的角度，人才梯队建设可以保障公司需求的人才不断层，源源不断地为公司输送需要的人才，加强人才培养的针对性和效率，激励人才、减少人才流失；从个人发展的角度，可以明确个人职业发展规划，并获得个人能力提升的机会。

人才梯队建设主要针对岗位风险度高、岗位价值高的岗位，建立储备人才库。①将人才盘点结果与岗位风险高、岗位价值高的岗位胜任标准进行数字化匹配，核算人才的"岗位准备度"。同时对当前所有岗位候选人的"岗位准备度"数据进行对比和分析，形成岗位继任规划和人才梯队建设，分别设立继任人才第一梯队、第二梯队和第三梯队人员。②通过人才梯队建设，生成企业关键岗位继任地图。对于非关键岗位的全员盘点，企业可以对人才盘点结果贴标签，对企业人员形成统一的人才标签管理，比如可以设置为高级人才、中级人才、种子选手、潜才、待发展等各类区别性标签，最后基于人才标签筛选各岗位所需的候选对象。

（四）针对性制定个人发展规划

企业可以根据岗位继任计划，并结合个人职业发展目标，为人才梯队或人才地图数据库的人才设定培养计划，制定培养制度，并对人才梯队的人员进行针对性的培养，达成人才梯队建设的目标。

通过岗位胜任平台分析人才梯队资源库中人员对继任岗位的准备度，针对每一位继任候选人量身定制发展目标、发展周期生成准备度阶段，生成继任人才发展规划表。根据选定人员与目标岗位之间的差距，自动识别待发展能力项，形成发展需求。通过一段时间的培养，当继任目标岗位空缺或提出更多的人才需求时，人力资源部可以通过岗位胜任平台对人才梯队的人员进行胜任力评估，选拔目标岗位继任者，成功者任职继任岗位。周而复始，企业依据人才储备的需求变化，再次不断地甄选人才"入库"，为企业培养合格的继任人选，并制定发展规划。

（五）自动匹配个性化学习资源

当前，有的企业已打造了员工学习资源门户"云课堂"，但却没有提供针对性的学习计划。为落地人才发展规划，帮助人才达成当前或继任岗位胜任标准，人力资源管理者可以通过人才发展规划平台，结合人才盘点和人才继任规划，为个人匹配学习资源，形成学习地图；将发展规划系统与已有的"云课堂"连接、整合，根据员工个人能力、技能的评估结果以及个人发展规划，系统自动的、针对性的匹配个性化学习资源。学员可以非常直接的在"云课堂"系统个人发展计划中了解自己个性化的学习计划。人力资源部也需要根据企业业务需求和人才发展培训需求的变化，不断丰富学习课程同步"云课堂"，满足员工获得个性化、高效、及时的知识技能提升。

四、构建员工绩效管理平台，实现数字化员工绩效评估

数字化绩效管理平台可以帮助企业更加高效地收集、记录和分析员工的绩效数据，以便更好地进行绩效评估和奖励激励。在搭建数字化绩效管理平台时，可以考虑以下优化策略：

第一，设定明确的绩效指标和标准。制定清晰、可衡量的绩效指标和标准，确保员工的绩效评估具有客观性和一致性。

第二，自助式绩效评估。建立员工自主填写绩效评估的平台，让员工能够随时随地记录和更新自己的绩效数据，同时提供自评和同事评价的功能。

第三，实时反馈和沟通。数字化绩效管理平台可以提供实时的绩效反馈和沟通机制，使员工和管理者可以及时了解绩效情况，并进行有效的交流和讨论。

第四，数据分析和报告功能。系统应该具备强大的数据分析和报告功能，能够对员工绩效数据进行深入分析，帮助管理者发现潜在问题和优化机会。

第五，绩效奖励和激励机制。数字化绩效管理平台应该与奖励和激励机制相结合，根

据员工的绩效表现给予相应的奖励和激励，提高员工的工作动力和满意度。

总之，通过搭建数字化绩效管理平台，企业可以更加科学、高效地管理员工的绩效，提升组织的整体绩效水平，同时也能够为员工的职业发展和晋升提供更好的支持和指导。

第五章 人力资源管理的高质量发展

第一节 人力资源弹性管理机制

人力资源弹性管理是指在组织中采取灵活的人力资源管理措施,以适应变化的业务需求和外部环境的能力。它强调组织能够快速调整人力资源配置、适应员工数量的变化以及灵活调整员工工作模式和职责。人力资源弹性管理的核心目标是实现人力资源与业务需求的匹配,并在不同的情况下保持组织的竞争力和适应能力。

一、人力资源弹性管理的特点

人力资源弹性管理是一种适应现代企业需求的管理方式,旨在提高组织的灵活性和应变能力。下面将详细介绍人力资源弹性管理的特点。

第一,人力资源弹性管理强调灵活性。在传统的人力资源管理模式中,员工通常被分配到特定的岗位,并按照固定的工作时间和职责进行工作。在弹性管理模式下,员工可以根据实际情况,更加灵活地处理工作安排。例如,灵活的工作时间安排允许员工根据个人需求和工作量调整上班时间,这有助于提高员工的工作满意度和工作效率。

第二,人力资源弹性管理注重多样化。在弹性管理模式下,组织将更多关注员工的个人能力和技能,而不仅仅是固定的岗位要求。这意味着员工可以在不同的岗位上进行轮岗或跨部门工作,从而拓宽了个人的技能和经验范围。这种多样化的工作经历可以提高员工的综合素质和适应能力,使其更具竞争力。

第三,人力资源弹性管理强调弹性用工。在传统的人力资源管理模式中,组织通常雇佣固定数量的全职员工来满足日常的工作需求。然而,随着市场环境的变化和业务波动,这种用工模式可能会导致资源浪费或不足。弹性管理模式允许组织根据实际需求灵活调整员工的用工方式,包括雇佣兼职员工、临时员工或外包服务等。这样可以在保证业务运转的同时,降低用工成本和风险。

第四，人力资源弹性管理强调员工参与和自主性。弹性管理模式鼓励员工参与决策和问题解决过程，并赋予他们更多的自主权。员工可以参与制定工作安排、目标设定和绩效评估等方面，从而增强他们的责任感和归属感。这种员工参与的管理方式有助于激发员工的创造力和主动性，提高整体组织的创新和竞争力。

第五，人力资源弹性管理注重技术支持。随着信息技术的不断进步，弹性管理模式可以借助各种数字化工具和平台来支持管理的实施。例如，人力资源信息系统可以用于灵活的排班和考勤管理，在线协作工具可以促进跨地域和跨部门的协同工作。技术的运用可以提高工作效率和沟通效果，为弹性管理提供便利。

总之，人力资源弹性管理具有灵活性、多样化、弹性用工、员工参与和自主性以及技术支持等特点。"基于新形势发展背景，弹性管理逐渐成为其中的重点内容，可以对传统人力资源管理中存在的问题进行合理解决，从而充分发挥出人力资源价值作用。"[1] 这种管理方式可以帮助组织适应变化的市场环境，提高员工的工作满意度和综合素质，实现组织的可持续发展。

二、人力资源弹性管理的功能

人力资源弹性管理是现代组织中的一项重要功能，旨在应对不断变化的工作环境和人力资源需求。它涉及灵活性和适应性的管理方法，以确保组织能够有效地应对市场波动、技术创新和其他不可预测的因素。

第一，人力资源弹性管理具有招聘与配置的功能。随着业务需求的变化，组织需要灵活地调整人员的配置以适应新的工作要求。这涉及招聘新人才、内部转岗或重新分配现有员工的工作职责等多方面的内容。人力资源部门需要密切关注组织的战略目标和人力资源需求，以确保正确的人员在正确的时间到位。

第二，人力资源弹性管理还包括培训发展的功能。随着技术和市场的快速变化，员工需要不断更新和提升他们的技能和知识。人力资源部门应该提供培训和发展计划，以帮助员工适应新的工作要求，并提供他们所需的资源和支持。这有助于增强员工的适应能力和灵活性，使他们能够胜任不同的任务和职责。

第三，人力资源弹性管理涉及绩效管理的功能。由于工作环境的不断变化，组织需要对员工的绩效进行持续评估和反馈。人力资源部门应该建立有效的绩效管理体系，确保员工的工作目标与组织的战略目标相一致，并通过定期的绩效评估和反馈来促进员工的成长

---

[1] 张国锋. 事业单位人力资源管理中弹性管理的运用研究 [J]. 财经界，2022，(28)：171.

和发展。此外，绩效管理也可以帮助组织识别出高绩效的员工，以便将他们置于更具挑战性和关键的角色中。

第四，人力资源弹性管理还涉及员工福利与离职管理的功能。组织需要提供灵活的福利计划，以满足员工在不同阶段的需求。这可能包括弹性工作安排、远程工作选项、家庭支持等。同时，当组织需要减少员工数量时，人力资源部门应该实施有效的离职管理计划，包括员工咨询、重新就业支持和离职补偿等，以确保离职过程的顺利进行。

三、人力资源弹性管理的现实性和必要性

让组织拥有开放的属性并为个体营造创新氛围，是企业保持竞争力、推进高质量发展的关键。弹性管理运用于企业的管理实践，可以使企业从人性化的角度科学地加强人力资源专业化管理，保持人力资本的持久竞争力。这对于巩固并提升企业自身的核心发展能力，实现企业与人才的长远稳定和共赢发展，有着极其重要的理论意义和实践意义。

第一，实施人力资源弹性管理有助于企业有效应对外部变化。弹性管理是一种建立在相对规范的企业管理制度之上、灵活机动的管理方法，强调灵活性与原则性的统一，能使企业内部的所有环节随着外部条件的不断变化作出自我调整。弹性管理对于有效部署企业发展战略、及时调整组织结构、协调完善工作管理，以及帮助企业及时应对各种可能出现的波动和风险具有十分重要的作用。

第二，实施弹性管理有助于激发企业内在发展动力。①可以提高员工积极性。弹性管理与刚性管理不同，它更强调的是员工的自我管理，满足员工个性发展的需求。①可以降低企业用工成本。弹性理论倡导的灵活用工模式可以有效提升整个企业劳动力的灵活性，企业可以根据各部门的工作需求和服务内容实施灵活的雇佣策略，优化劳动资源配置，降低企业用工成本，进而提升企业的经济效益，促进企业经营目标的实现。③可以提升企业运营效率。弹性管理是在刚性管理的基础上进行的，通过方式的调整可对不同的情况进行灵活处理，使得弹性管理与运营管理结合在一起，互相弥补，提升企业整体工作效率。

第三，实施弹性管理有助于完善企业激励约束机制。弹性管理背景下的薪酬激励方式体现了企业"以人为本"的管理理念，即以能力和绩效为导向，企业效益与员工工资收入紧密挂钩。富有弹性的激励方式在创造平等竞争环境的同时，更有利于组织薪酬体系的可持续发展。弹性管理可以使国企合理有效地利用有限的人工成本资源，来最大限度地开发与利用人力资源，按岗取薪、优绩优酬，增加员工的工作投入度，进而提升个人工作绩效。

四、人力资源弹性管理的形态

第一,数量弹性。数量弹性是组织为配合市场和业务的变化,灵活地调整人力资源投入的数量和类型,以满足实际需要的能力。数量弹性的主要目的在于平衡组织的人力资源需求和雇佣量,以免组织因受制于长期雇佣的承诺而增加人工成本。在数量弹性方面,可通过提高创新型人才的占比来提升企业整体知识水平。

第二,职能弹性。职能弹性指赋予员工更大的自主权,让其工作或任务具有可轮调性或可适应性。职能弹性一般需要通过员工培训、岗位轮换等方式来提升员工的技能,同时使员工的工作内容丰富化。在这种弹性制度下,组织内部员工可以根据工作需求或者技术要求的变化及时作出回应,使人力资源尽快实现角色转换。

第三,时间弹性。时间弹性是指在遵守劳动法规的前提下,通过灵活调整工作时间或工作时数来满足组织实际运营的需要,以应对业务需求的变动和员工个人需要而采取的弹性工作时间。具体而言,可分为两种情况:一是在遵循劳动法规的前提下,合理利用轮休、加班、调整休假等方式弹性地处理工作时间;二是员工可以在保证完成规定工作任务或在固定工作时间下,对具体的工作时间进行灵活安排,以代替传统的固定工时制。

第四,薪酬弹性。薪酬弹性是指通过实行多样化的薪资结构来支付工资,以改变统一固定的薪资结构,实现以个人绩效为中心的薪酬支付体系。这种薪酬支付体系可以充分考虑员工之间的差异性和相对性,根据个人绩效来发放工资、奖金、福利等,能较好地让员工产生公平感,增加工作投入度和产出。薪资弹性可以有效激发员工主动学习的意愿,促进弹性职能的发挥。

五、人力资源弹性管理机制设计

人力资源弹性管理追求知识的学习和更新,重视管理手段的不断创新,以新的、灵活性的策略适应组织内外部环境的变化,提高管理的效能。可基于以下几个维度探究企业人力资源弹性管理机制。

(一)弹性雇佣机制

数量弹性涉及组织员工的灵活雇佣,它要求组织依据工作需求的变化迅速调整人力结构、员工数量以适应实际的需要。可以通过灵活调节外围员工来达到人力资源的数量弹性,如临时性、季节性、短期合同制等雇佣形态的员工,这些灵活的雇佣方式可有效减少人员固化带来的额外成本。

企业要建立人岗匹配、形式多样的弹性雇佣机制，有效控制人工成本、提高核心竞争力。①革新劳动用工方式和人员编制管理，建立动态用人机制。对于人员的任用，可设计由一部分核心员工负责内部关键性工作，而大量事务性的工作交由外围员工完成。②加强用工自主权和轮岗管理，进一步规范员工抽调借调、跟班学习等方式，推进跨区域、跨时间优化人员配置，增强国企用人的机动性和人员的适应性，逐步形成一个不断补充、日臻完善的用工体系。

（二）弹性工作机制

工时弹性是在员工的工作时间上进行灵活的调整，以实现工作和闲暇的有效平衡。职能弹性是培养员工具备多样化的技能，增加工作的多样性和挑战性，减少单调乏味感，赚取更高的边际收入或额外收入。企业可结合不同业务领域的特殊性，有选择地引入弹性工作制。

1. 弹性工作时间

弹性工时制度是相对于当前的固定工时制而言的。新生代员工更在意工作是否具有自主性、独立性、刺激性和挑战性。这就要求企业应该更多地从管控走向赋能，信任授权并为员工配置资源，帮助员工实现绩效目标。弹性工作制这种"人本管理"的方式更好地契合了数字化时代企业管理的需求。可在保证每天工作时间不减少的情况下，实施轮班和错时上下班制度；也可以在保证完成规定的工作任务或在固定的工作时段内，对具体的工作时间进行灵活的安排。这种方式必然带给员工更好的组织人性化体验，有效满足新时代员工的个性需求，改善组织的信任氛围和员工的情感诉求，对工作绩效将产生积极影响。

2. 弹性工作内容

在人员管理上，要通过多样化的工作内容和工作方式激发员工工作热情和创新活力，使其更好融入企业经营创效。工作内容的丰富可以通过轮岗、人员交流、项目式运作、虚拟团队等方式实现。

（1）进一步扩大轮岗和人员交流的范围，注重为基层员工提供更多轮岗和交流的机会。通过轮岗可使员工从事不同的工作，掌握不同的工作技能，提升工作的新鲜感。

（2）加强工作任务的项目式运作，由掌握不同技能的员工构建项目工作团队，以完成部门内部的特定任务，丰富每个人员的工作内容和角色。

（3）对于部门内部的一些高技术难度的工作任务，可在机构内部征集有能力的"专家或骨干"来完成，这样既可以使内部人员有机会获得挑战性的工作，同时也给予员工展现自我和获得奖励和晋升的机会，激发他们的工作热情，为企业注入更多活力。

（三）弹性薪酬机制

弹性薪酬机制强调顶层设计，力求改变以往企业相对统一固定的薪酬支付体系，建立以个人绩效为基础的薪酬管理模式，更加注重员工的能力，具有很大的弹性浮动空间。

第一，加强薪酬的外部调整机制。要关注同行业同岗位等级的水平、本地区行业企业的收入水平，还要注意企业内部是否存在同工不同酬情况。要积极引入宽带薪酬机制，即在保证基本工资水平相对公平的基础上，浮动工资在绩效不同的情况下可适当拉开差距，低一等的薪酬高级别可高于高等薪酬的低级别，形成一定的重复度。

第二，加强薪酬的内部调整机制，构建员工与企业共享价值的平台，设计多元的分享价值激励方案。例如，将绩效结果与员工的收入和激励关联，建立"多劳多得、论功行赏"的制度规则；加强国企绩效考核管理，根据企业经营成果，实施超额利润奖励分配、股权激励分配；或者采取合伙人激励机制，根据个人贡献积分实施固定奖金包的积分贡献值分配。

第三，设计弹性福利制度，打破单一的福利形式，实施弹性福利/自选福利。在国企管控总额允许的情况下提供多样化选择，满足不同员工对福利的不同偏好和需求，真正让员工与组织共享收益成果，形成共生态、共赢体。

第二节 人力资源年龄管理开发

人力资源年龄管理开发是指在人力资源管理领域中，针对员工的年龄因素进行有效的管理和开发。随着人口老龄化和多代人才共存的趋势，年龄管理成为组织管理的一个重要方面。

一、人力资源的年龄分类与开发意义

（一）根据年龄划分人力资源

根据年龄可以将人力资源分为三类：

第一，年轻型员工。年轻型员工指年龄较轻的员工，通常是指20岁至35岁之间的人群。这一代员工通常具有较高的学习能力和创新意识，适合承担新项目和技术驱动型的工

作。他们对于职业发展和成长的需求较高。

第二，中年型员工。中年型员工是指年龄介于35岁至55岁之间的员工。这一代员工通常在职业生涯中已经积累了一定的工作经验和专业技能，对于组织的稳定性和业务运营有较大的贡献。他们可能在领导岗位上发挥重要作用，同时也需要关注职业发展和个人成长。

第三，老年型员工。老年型员工是指年龄较大的员工，通常是指55岁及以上的人群。这一代员工可能具有丰富的行业经验和专业知识，并对组织具有重要的稳定性和知识传承作用。对于这一代员工，组织可以提供适当的培训和发展机会，以充分发挥他们的经验和智慧。

总之，年龄分类只是一种基于年龄特点的粗略划分，企业在管理人力资源时应综合考虑员工的个体差异和能力，避免以年龄作为唯一的决策依据。灵活的人力资源管理策略应该关注员工的能力、技能、动机和发展需求，而不仅仅局限于年龄。

（二）年龄管理开发的意义

第一，促进多代员工的协同合作。现代工作场所中，可能存在多代员工，通过年龄管理，组织可以帮助不同年龄段的员工更好地理解彼此的特点和价值观，并促进他们之间的合作和团队协作。

第二，充分发挥老年员工的经验和知识。年长员工通常具有丰富的工作经验和知识，他们在组织中扮演着重要角色。通过年龄管理，组织可以更好地挖掘和利用老年员工的经验和知识，提供适当的培训和发展机会，以确保这些宝贵资源得到充分利用。

第三，培养和吸引新一代人才。年龄管理不仅关注老年员工，还需要关注年轻一代的员工。通过制订适当的发展计划和提供相关的培训机会，组织可以吸引和留住年轻的高潜力人才，为他们的成长和发展提供支持。

第四，保持组织的灵活性和创新力。不同年龄段的员工具有不同的思维方式、工作风格和技能。年龄管理可以帮助组织建立灵活的工作环境，促进知识和经验的流动，同时激发创新和创造力。

第五，应对人口老龄化挑战。随着全球人口老龄化的趋势加剧，组织需要应对相关的挑战。通过年龄管理，组织可以采取措施来延长员工的工作寿命，提供灵活的工作安排和退休计划，以确保组织能够持续地吸引、留住和充分利用老年员工的知识和经验。

总之，人力资源年龄管理的开发对于组织来说具有重要意义，它能促进多代员工的合作，充分发挥老年员工的经验和知识，培养和吸引新一代人才，保持组织的灵活性和创新力,并应对人口老龄化带来的挑战。

二、人力资源年龄管理的类型开发

(一) 年轻型员工的开发

1. 年轻型员工的积极影响

年轻型员工对人力资源管理的高质量发展具有积极的影响。具体包括以下几个方面:

(1) 创新和技术驱动。年轻员工通常对新技术和创新非常熟悉,他们能够为人力资源管理引入新的工具和系统,以提高效率和员工体验。他们对数字化工具和社交媒体的熟悉程度也使他们成为改进招聘、培训和绩效管理等关键领域的重要资源。

(2) 多元化和包容性。年轻一代员工对多元化和包容性价值观更加重视。他们鼓励组织营造一个包容性的工作环境,尊重不同背景和观点的员工。他们对于平等、多元化招聘和公平的薪酬体系等议题的关注,推动了人力资源管理领域的变革。

(3) 学习和发展。年轻员工通常渴望学习和成长,他们对于个人发展和职业晋升的追求非常积极。这促使组织提供更多的培训和发展机会,建立有利于员工成长的导师计划和学习机制。年轻员工的学习意愿和渴望帮助组织建立了一个持续学习的文化。

(4) 灵活工作和工作生活平衡。年轻员工更加关注工作与生活之间的平衡,他们倾向于寻找弹性工作安排和远程工作的机会。这对人力资源管理提出了新的挑战,需要灵活性和创新性地应对这些需求,以满足员工的期望,并保持组织的高效运转。

(5) 创造力和团队协作。年轻员工通常具有较高的创造力和团队合作能力,他们乐于与其他同事合作,提出新的想法和解决问题的方法。这种积极的影响推动了人力资源团队更加开放和合作,促进创新和改进。

总之,年轻型员工在人力资源管理中发挥了积极的作用,他们的创新精神、多元化意识、学习动力、平衡工作生活以及团队合作能力都为组织带来了新的机遇,推动了人力资源管理的高质量发展。

2. 年轻型员工的开发策略

年轻型员工的人力资源开发是一项重要的任务,因为他们代表着组织的未来和潜力。帮助促进年轻型员工的人力资源开发包括以下几个方面:

(1) 招聘和选拔。通过吸引和招募适合年轻型员工的人才,确保拥有具备所需技能和潜力的候选人。这可能包括针对年轻人的校园招聘活动、实习计划和参与行业相关组织等。

（2）导师计划。为年轻型员工提供导师或教练，帮助他们在工作中成长和发展。导师可以分享经验、提供指导，并帮助他们制订职业目标和发展计划。

（3）培训和发展。提供全面的培训计划，帮助年轻型员工提升技能和知识。这可以包括内部培训、外部培训、在线学习和跨部门轮岗等。

（4）交流和反馈。建立开放的沟通渠道，鼓励年轻型员工与上级和同事进行交流。定期提供反馈和评估，帮助他们了解自己的进展，并提供改进的建议。

（5）晋升机会。为年轻型员工提供晋升和发展的机会，以激发他们的动力和投入。制定明确的晋升标准和职业发展路径，让他们知道如何取得成功，并为其工作目标设定挑战。

（6）奖励和认可。给予年轻型员工适当的奖励和认可，以表彰他们的努力和成就。这可以包括提供奖金、奖品、晋升或公开表彰等。

（7）工作生活平衡。关注年轻型员工的工作生活平衡，提供灵活的工作安排和福利措施。这可以帮助他们更好地应对工作压力，提高工作满意度和忠诚度。

（8）制定发展计划。与年轻型员工合作，制订个性化的发展计划，帮助他们实现职业目标。这包括明确的目标设定、培训需求分析和个人发展计划的制订。

通过这些人力资源开发策略，组织可以有效地吸引、培养和留住年轻型员工，促进他们的成长和发展，同时为组织的未来建立强大的人才储备。

（二）中年型员工开发

1. 中年型员工的积极影响

中年型员工对人力资源管理的高质量发展有许多积极影响。具体包括以下几个：

（1）经验丰富。中年型员工通常在组织内工作了相当长的时间，积累了丰富的工作经验和知识。他们对组织的运作和文化有深入的了解，并能够将这些经验应用到人力资源管理中。他们能够提供宝贵的洞察力和建议，帮助制定更有效的人力资源策略和政策。

（2）稳定性和可靠性。中年型员工通常在职场中表现出稳定性和可靠性。他们对工作有责任心，往往具有较高的工作投入度和忠诚度。这对于人力资源管理来说是至关重要的，因为他们能够提供一种可靠的、持久的劳动力，有助于组织实现长期发展目标。

（3）导师和领导角色。由于中年型员工在组织中的经验和知识，他们往往能够担任导师和领导的角色。他们可以指导年轻员工，分享他们的经验和职业发展建议。这对于人力资源管理来说非常有益，可以促进员工的成长和发展，增强组织内部的知识传承和人才储备。

（4）多样性和包容性。中年型员工代表了组织中的多样性。他们具有不同的背景、经验和观点，能够为组织带来更广泛的视角和创新思维。通过充分利用中年型员工的多样性，人力资源管理可以促进包容性和多元化的工作环境，提高组织的创造力和竞争力。

（5）资深人才的保留。中年型员工是组织中的资深人才，对他们的留任至关重要。通过实施针对中年型员工的发展计划和激励措施，人力资源管理可以帮助组织留住这些宝贵的人才。保留资深员工有助于维持组织的连续性和稳定性，并减少新员工培养和招聘的成本。

总之，中年型员工对人力资源管理的高质量发展具有积极的影响。他们的经验、稳定性、导师角色、多样性和资深人才保留等方面的优势，为组织带来了许多益处，并有助于实现组织的长期成功。

2. 中年型员工的开发策略

对于中年型员工的开发策略，可以采取以下几个方面的措施：

（1）知识更新和培训。中年型员工可能在工作中积累了一定的经验和技能，但随着科技和行业的快速发展，持续的知识更新是必要的。提供培训机会，包括参加专业课程、研讨会、工作坊和在线学习平台等，帮助中年型员工了解最新的行业趋势和技术进展。

（2）跨部门合作与项目参与。鼓励中年型员工参与跨部门的合作项目，通过与其他团队成员的合作，他们可以学习新的技能、拓宽视野，并在解决复杂问题的过程中提升自己的能力。同时，这也可以促进团队之间的知识共享和协作。

（3）寻求挑战和晋升机会。为中年型员工提供具有挑战性的任务和项目，帮助他们发展新的技能和扩展职业能力。同时，提供晋升机会，让他们有更高的职业目标和成长空间。

（4）导师制度。建立导师制度，由年轻一代或高级员工担任导师，与中年型员工进行定期的交流和指导。导师可以分享自己的经验和知识，并提供职业发展建议，帮助中年型员工更好地规划自己的职业道路。

（5）培养领导能力。对于有领导潜力的中年型员工，提供领导力培训和机会，让他们发展管理和指导团队的能力。这可以激励中年型员工，增强他们对组织的归属感，并为他们的职业生涯注入新的动力。

（6）建立终身学习文化。鼓励中年型员工积极主动地追求学习和成长，倡导终身学习的文化。这可以通过奖励制度、内部分享会、培训资源的提供等方式来实现。

总之，中年型员工的开发策略应该注重知识更新、跨部门合作、挑战机会、导师指导、领导力培养和终身学习文化的培养。这些策略可以帮助中年型员工不断发展自己的能力，适应变化的工作环境，为个人和组织的成功作出贡献。

（三）老年型员工的开发

1. 老年型员工的开发必要性

由于老年人个体经历不同，其人生态度、性格、气质、情趣、爱好、能力等方面自然会有差异。老年人的生理生存需求已基本得到满足，因而精神层面的需求增多，诸如尊重需求、政治参与需求、心理需求、教育需求、社交需求、文娱需求等。老年人自我实现需求的满足主要还是得依托于老年人自身来完成。学界一般习惯于从马斯洛需求层次理论出发来探讨人们的需求及其层次，实际上，还可以从更加细化的角度研究人们的需求及其内在的差异，尤其对老年人更应该如此。

老年人力资源开发是指国家或组织通过一系列有组织、有目的、有计划的教育培训活动，并经过与开发对象的有机结合，使其潜能得以挖掘、开发与使用的过程。老年人力资源开发，就会提及老年人身上所具有的各种优势，突出地体现在如下几个方面：①经验优势。老年人"资历深、阅历广、经验足"等。②能力优势。经过长时间历练，能力得到提升，同时老年人再就业本身就是一个筛选机制，通常情况下选择外出就业的老年人属于能力较强的群体。③资源优势。老年人在长期工作中积累了部分资源，这些积淀在其身上的资源并不会随着退休而突然消失。④时空优势。能拥有退休资格的老年人退休后的基本生活有保障，较容易摆脱功利与经济层面的束缚，在充裕时间内实现自主意愿之事。⑤成本优势。聘用老年人多不需要缴纳"五险一金"，老年人对自身福利要求也不高，降低了老年人力资源开发利用成本。⑥心理优势。通常情况下老年人的社会阅历丰富，再就业过程中心态较为沉稳，有助于形塑出再就业组织内部的凝聚力和包容氛围。

老年型员工的开发必要性如下：

第一，社会养老保障之需。①延迟退休年龄。能增加劳动力供给，既增加养老金收入，推迟领取养老金年龄，减少养老金支出，又有利于促进经济增长。②提高老年人的劳动参与率。对老年人力资源的开发，能够有效促成社会养老保险基金良性运作的客观需要。

第二，社会关系建构之需。老年个体的活跃性越高，越有正面的自我形象和调整能力，也越可能实现积极老龄化。老年个体对生活的把控度越高，生活意义也越发凸显，对个体生命质量的提升将起到正向促进效应。事实上，老年人力资源开发本质上投射出"让老年人回归社会"之行为，希冀通过再劳动行动，重构老年个体与社会之间的关联。值得注意的是：开发老年人力资源不仅可以使老年个体获得社会的归属感，还可以消除个体退休所衍生的空虚感与失范困境，力图促成社会需要的满足。

第三，个体实现之需。退休的老年个体如若希冀自我实现，则必然需要有一份"为之奋斗"的工作或事业，这无疑反衬出"老有所为"的客观重要性。"老有所为"已经不能被简单地视作谋生的手段抑或寻求归属的方式，而是老年个体自我价值实现的途径。"老有所为"带给老年人的益处远不只是工作乐趣，更是能够让退休后的个体老人在自我实现过程中再次获得生命的意义。

2. 老年型员工的积极影响

老年型员工对人力资源管理的高质量发展可以产生积极的影响。虽然老年型员工可能在身体上或技术上与年轻员工有所不同，但他们的经验、智慧和稳定性可以为组织带来独特的价值。

以下是老年型员工对人力资源管理的积极影响：

（1）经验传承与知识共享。老年型员工通常在组织内有着丰富的经验和知识，他们可以与年轻员工分享自己的经验教训、行业见解和专业技能。通过他们的指导和辅导，年轻员工可以更快地适应工作环境，提升工作效率。

（2）提高团队稳定性与凝聚力。老年型员工通常对组织有着较高的忠诚度和归属感。他们在组织中的长期存在可以为团队带来稳定性，并对团队凝聚力产生积极影响。老年型员工往往更具有耐心和包容心态，能够有效地处理团队内的冲突，促进团队和谐发展。

（3）跨代沟通与协作。老年型员工与年轻员工之间的跨代沟通和协作有助于构建多元化的工作环境。老年型员工可以通过分享他们的观点和经验，帮助年轻员工更好地了解和适应工作中的挑战。同时，年轻员工的新思维和技术知识也可以激发老年型员工的创造力和学习动力，实现知识的双向传递。

（4）增强组织的形象与声誉。拥有老年型员工的组织常常被视为关注员工福利、尊重多样性和珍视人才的企业。这可以提升组织的形象和声誉，吸引更多优秀的人才加入。同时，老年型员工也可以成为组织文化的重要组成部分，为企业带来积极的社会影响力。

（5）持续学习与发展。虽然老年型员工可能在某些技术方面相对滞后，但他们通常具备较强的学习意愿和适应能力。通过提供培训和发展机会，组织可以帮助老年型员工保持更新的技能和知识，使他们更好地适应不断变化的工作环境。

总之，老年型员工对人力资源管理的高质量发展具有积极影响。他们的经验传承、稳定性、跨代沟通、组织形象和持续学习能力等方面的优势，可以促进组织的发展和员工的综合素质提升。

3. 老年型员工的开发策略

（1）掌握数字技术。老年型员工可能不太熟悉新的数字技术和工具，因此培养他们在这方面的能力非常重要。提供培训和资源，帮助他们学习使用电子邮件、办公软件、社交媒体等工具。

（2）强调经验分享。老年型员工通常拥有丰富的经验和知识，他们可以成为团队中其他成员的良师益友。鼓励他们参与知识分享活动，如内部培训、工作坊或导师计划，以便将他们的经验传授给其他人。

（3）个性化培训计划。每个老年型员工的需求和学习风格都有所不同，因此制订个性化的培训计划非常重要。与员工一起讨论他们的职业目标和兴趣，并为他们提供相关的培训和发展机会。

（4）跨代沟通。不同年龄段的员工可能对沟通方式和风格有不同的偏好。为了更好地与老年型员工合作，了解他们的沟通习惯并尝试调整自己的沟通方式。可以选择面对面的交流，提供书面证明或录音等方式，以适应不同的沟通需求。

（5）灵活工作安排。老年型员工可能希望在工作时间上有更大的灵活性，以便处理家庭事务或照顾孙子辈。在可能的情况下，提供弹性工作时间、远程工作或部分时间工作的选择，以满足他们的需求。

（6）鼓励跨代团队合作。跨代团队合作有助于促进知识交流和理解。将老年型员工与年轻员工组成跨代团队，鼓励彼此学习和合作。通过促进不同年龄段员工之间的交流和合作，可以获得更丰富的思维和创意。

（7）关注健康和福利。老年型员工可能面临一些特殊的健康和福利需求。提供适应他们健康和福利需求的政策和措施，例如定期体检、灵活的医疗保险计划或养老金规划等。

总之，重要的是给予老年型员工尊重、支持和关注。通过提供培训、知识分享、个性化发展计划和灵活的工作安排，可以帮助他们保持职业发展，并为团队带来丰富的经验和知识。

三、多代员工人力资源的高质量协同开发

第一，促进跨代沟通。不同年龄段的员工可能有不同的沟通偏好和工作习惯。为了实现高质量的协同开发，组织可以提供跨代沟通培训，帮助员工理解彼此的沟通风格和偏好，并鼓励他们积极交流和分享信息。

第二，搭建跨代合作平台。利用现代技术和工具，建立一个团队协作平台，让员工可以方便地共享文档、交流想法和合作开发项目。这样可以打破时空限制，让不同年龄段的

员工可以随时随地进行协作。

第三，强调知识分享和学习。鼓励年轻员工与资深员工之间的知识分享和互相学习。资深员工可以分享他们的经验和专业知识，而年轻员工则可以带来新的思维和技能。组织可以设立知识分享平台、组织跨代交流活动或导师制度，促进不同年龄段员工之间的交流和学习。

第四，引入灵活的工作安排。不同年龄段的员工对工作安排有不同的需求和偏好。为了实现高质量的协同开发，组织可以提供灵活的工作安排，例如弹性工作时间、远程办公等，以满足员工的个性化需求，提高工作效率和满意度。

第五，建立多代员工团队。在项目组或团队中，尽量让不同年龄段的员工相互配合和协作。通过多代员工的团队合作，可以融合不同的经验和视角，提高问题解决能力和创新能力。

第六，提供终身学习机会。鼓励员工进行终身学习和职业发展，无论是年轻员工还是资深员工。组织可以提供培训计划、技能提升机会和专业发展指导，帮助员工保持竞争力和适应不断变化的工作环境。

总之，通过以上方法，组织可以促进多代员工之间的高质量协同开发，充分发挥不同年龄段员工的优势，实现更好的工作成果和团队效能。

第三节　人力资源配置的优化措施

人力资源配置是指在组织或企业中合理地分配和利用人力资源的过程。它涉及确定所需的人力资源数量、类型和质量，并将其分配到适当的岗位或部门，以实现组织的战略目标。人力资源配置的目标是确保组织拥有适当数量和类型的员工，以满足业务需求，并确保员工的技能和能力与岗位要求相匹配。

一、人力资源配置的意义

企业人力资源配置是为了更充分地利用人的体力、智力、知识力、创造力和技能，促使人力资源与物力资源实现更完美的结合，以产生最大的社会效益和经济效益。"为了提高自身竞争力，企业逐渐将目光放在人力资源配置上，力图以优化人力资源配置激发员工潜力，继而提高工作质量与效率。"① 合理的人力资源配置是社会保持活力的基本要素之一，不但可使社会组织内的人力资源结构趋向合理，而且可最大限度地实现人尽其才、才尽其用，使每个人的才智和潜能都得到充分的发挥。

第一，企业可以充分利用"人力"。人力资源配置首先就是要突出"人力"。优化人才结构的根本目的是提升"人力"综合利用水平，使执行力、组织力、知识力、智力、体力及创造力等与人有关的能力可转化为企业发展动力，能与物质资源有效整合，如设备、材料等，为企业获取最大经济效益助力。

第二，"人力"可以助力企业发展。从微观上讲，人才结构配置优化能保障各部门、各岗位正常运转，业务端较为稳定，采购、生产、销售、售后等运营活动能良性展开，利于企业直接与市场对接，获取市场信息，了解竞争态势，预判发展走势，这为决策端及时制定改进业务活动组织规划对策提供依据，继而打通企业获利渠道，在"人力"的加持下加强业务端、决策端共融。从宏观上讲，企业转型、改革、创新需要调整人才结构。以文旅企业发展为例，需要导游既具有专业技能，又了解各地传统文化、历史文化、艺术文化等方面的内容，同时项目开发人员需能判断旅游区的文化价值，为文旅品牌线路的建设给予支持，这就需要在企业发展规划的支撑下通过人力资源管理优化人才结构配置，在招聘、培训、岗位调整等管理举措的助力下推动企业发展。

二、人力资源配置的原则

第一，能级对应。合理的人力资源配置应使人力资源的整体功能强化，使人的能力与岗位要求相对应。企业岗位有层次和种类之分，它们占据着不同的位置，处于不同的能级水平。每个人也都具有不同水平的能力，在纵向上处于不同的能级位置。岗位人员的配置应做到能级对应，就是说每一个人所具有的能级水平与所处的层次和岗位的能级要求相对应。

第二，优势定位。人的发展受先天素质的影响，更受后天实践的制约。后天形成的能力不仅与本人的努力程度有关，也与实践的环境有关，因此人的能力的发展是不平衡的，其个性也是多样化的。每个人都有自己的长处和短处，有其总体的能级水准，同时也有自己的专业特长及工作爱好。优势定位内容有两个方面：①人自身应根据自己的优势和岗位的要求，选择最有利于发挥自己优势的岗位；②管理者也应据此将人安置到最有利于发挥其优势的岗位上。

---

① 李雪琪. 企业人力资源配置模式与作用探析 [J]. 就业与保障，2022，(07)：79.

第三，动态调节。动态原则是指当人员或岗位要求发生变化的时候，要适时地对人员配备进行调整，以保证始终使合适的人工作在合适的岗位上。岗位或岗位要求是在不断变化的，人也是在不断变化的，因此人对岗位的适应也有一个实践与认识的过程，但是由于种种原因，使得能级不对应、用非所长等情形时常发生。能级对应、优势定位只有在不断调整的动态过程中才能实现。

第四，内部为主。企业使用人才，其关键是要在企业内部建立起人才资源的开发机制，使用人才的激励机制。这两个机制都很重要，如果只有人才开发机制而没有激励机制，那么本企业的人才就有可能外流。从内部培养人才，给有能力的人提供机会与挑战，造成紧张与激励气氛，是促成公司发展的动力。

三、人力资源合理配置的提升策略

第一，加强人力资源配置制度建设。人社部门要进一步健全完善人力资源市场体系建设，充分发挥市场在人力资源开发与配置中的决定性作用，进一步转变政府职能，培育和完善统一开放、竞争有序的人力资源市场，为劳动者求职和企业用人提供优质、高效服务；要加强人力资源市场的城乡一体化建设，发展专业性、行业性人力资源市场，提高人力资源配置效率和公平性。企业要结合国家政策和自身特点，建立适合自身发展的现代化人力资源管理制度体系，推动各项工作扎实有序开展。

第二，创新人力资源管理配置模式。企业在人力资源配置管理中，要根据岗位的需要对人力资源进行动态配置，从而对人力资源进行合理有效的使用。①要能位对应。企业中任何一个人员都是有用的，人与人之间不仅存在能力特点的不同，而且在能力水平上也是不同的，具有不同能力特点和水平的人，应安排在要求相应特点层次的职位上，并赋予该职位应有的权利和责任。②互补增值。人各有所长各有所短，要以己之长补他人之短，从而使每个人的长处得到相应的发挥，避免短处对工作的影响。通过个体之间取长补短而形成整体优势，实现企业目标的最优化，这在企业内部分工协作中体现得尤为明显。③动态适应。在企业中总会出现这样的情况，人与事不适应，企业中的人员必须在多个岗位中轮换，事不会主动适应人。除此之外，岗位晋升、调换也会造成人与事的不适应。这就要求企业人员要不断提高自身适应能力，以达到人适其位、位得其人。

第三，加强人力资源时间配置和空间配置。企业人力资源配置就是指通过人员规划、招募、选拔、录用、考评、调配和培训等多种手段和措施，将符合企业发展需要的各类员工适时适量地安排到适合的岗位上。实现企业的人力资源都合理利用，就需要把人力资源的时间配置和空间配置都安排妥当。人力资源合理配置不仅是人力资源管理的起点，也是人力资源管理的归宿，可以说，人力资源管理的各项工作都是围绕"资源配置"这一中心问题展开的。从员工招聘、培训、考评、薪酬福利，乃至员工的合同、离职、退休管理，最终目标都是为了人力资源的优化配置。

第四节 人力资源共享服务中心运行机制

共享服务是指将事务性工作和特殊专业服务性工作从企业原来的职能部门分开，成立独立的部门专门进行运行和管理，把市场化的运作在企业内部得以实现。人力资源共享服务是指将人力资源管理的某些功能外包给专业的第三方服务提供商，以实现资源共享和提高效能的管理模式。这种服务模式允许组织将一部分或全部的人力资源管理工作交由专业的服务机构来执行，从而减轻内部人力资源团队的工作负担，提高效率和降低成本。

一、人力资源共享服务中心的特性

（一）人力资源共享服务中心的含义

人力资源共享服务中心是指将原本分散的人力资源管理相关的所有行政事务性的工作集中至成立的共享服务中心来运行管理。

人力资源共享服务中心的客户群体是企业内部所有的职能部门和员工，人力资源共享服务中心的主要业务有招聘、薪资福利、入转调离各类手续处理及员工档案管理等。建立人力资源共享服务中心的目的是提高人力资源运行效率、提升服务质量、提高内部各职能部门和员工的满意度，从而实现人力资源管理的战略转型。

（二）人力资源共享服务中心的类型

人力资源共享服务中心的类型可以根据不同的分类标准进行划分。以下是根据服务对象和服务内容两个维度的划分方式。

第一，根据服务对象，可以将人力资源共享服务中心划分为内部共享服务中心与外部共享服务中心。内部共享服务中心是为同一组织内不同部门或业务单位提供人力资源服务，如跨部门的薪资、招聘和培训等服务。外部共享服务中心是为多个组织或企业提供人力资源服务，如为合作企业提供共同的薪资管理、福利计划或人力资源咨询等服务。

第二，根据服务内容和服务组织，可以将人力资源共享服务中心划分为专业服务模式与咨询服务模式。专业服务模式是共享服务中心以专业人力资源团队为核心，为客户提供专业的人力资源服务，如薪资管理、绩效评估、招聘和培训等。咨询服务模式是共享服务中心以顾问团队为核心，为客户提供人力资源战略咨询和解决方案，如组织发展、人才管理和变革管理等。

第三，根据共享服务中心提供的服务内容类型，可以将人力资源共享服务中心划分为基础服务模式与咨询服务模式。基础服务模式是共享服务中心提供基础的人力资源服务，如薪资管理、人事档案管理、员工福利管理等常规的操作性服务。咨询服务模式是共享服务中心提供战略性的咨询服务，如人力资源规划、组织发展、绩效管理咨询等，帮助客户解决复杂的人力资源管理问题和提供战略支持。

（三）人力资源共享服务中心的优势

第一，提高效率。共享服务中心通过整合和标准化各类人力资源流程和服务，实现了资源的集中管理和统一执行，从而提高了处理效率。例如，员工福利管理、薪资核算、招聘流程等可以在一个中心化的团队中处理，减少了重复工作和冗余步骤。

第二，降低成本。通过共享服务中心，组织可以实现规模化的资源管理，减少了各部门独立处理人力资源事务所需的重复性投入。此外，共享服务中心还可以利用技术工具和自动化流程来简化操作，进一步降低成本。

第三，提供专业化支持。共享服务中心通常由一支专业化的人力资源团队组成，他们在各个领域具备专业知识和经验。这意味着员工和管理层可以获得高质量的专业支持和建议，从而提高人力资源决策的准确性和效果。

第四，提升员工体验。共享服务中心为员工提供一站式的服务和支持，能够更快速地响应员工的需求和问题。员工可以通过共享服务中心获取相关信息、提交申请、解决问题等，提高了员工的满意度和体验。

第五，实现数据驱动决策。共享服务中心可以集中管理和分析人力资源数据，提供数据驱动的决策支持。通过对数据的整合和分析，组织可以更好地了解员工绩效、离职率、培训需求等关键指标，从而制订相应的人力资源策略和计划。

第六，支持业务发展。共享服务中心可以为组织提供更高级别的人力资源支持，帮助企业更好地应对业务发展和变革。例如，共享服务中心可以提供战略性的人力资源规划、组织设计和变革管理等支持，助力企业实现战略目标。

二、人力资源共享服务中心运行机制的优化策略

(一) 共享服务中心的系统平台建设

共享服务中心的日常运作在很大程度上依赖于人事系统平台的支撑，系统平台是共享服务中心发挥效用、实现高效运转的有效保障。因此，系统平台建设也是现阶段共享服务中心优化的重点。

1. 深度开发，实现系统对接

共享服务中心的日常运作的人事系统平台主要有本地的薪资结算系统金蝶，同时还有维护总部的人事系统，这两个系统在员工主数据模块存在着重叠，即中心的员工需要在两个人事系统内都要输入一遍员工的信息。为了减轻中心员工重复的工作量，将有限的时间花在有意义的工作上，共享服务中心成立了项目组，以实现本地系统与总部系统在主数据功能模块可以对接。经过项目开发，根据员工在企业的工号，可以实现这两个系统的员工主数据的对接。中心的员工只要将员工的信息在总部系统里维护好，在本地系统里刷新数据，员工信息就可以实时同步至本地金蝶系统。

同时为了提升招聘工作的效率，共享服务中心还将人事系统里招聘模块与本地的招聘网站做了对接。对接开发完成后，中心负责招聘的员工可以一键发布空缺岗位至所有本地合作的招聘网站，避免了去每个招聘网站都单独发布一遍。应聘的候选人的简历可以直接从应聘渠道回传至人事系统里对应的空缺岗位，避免了招聘专员单独去每个招聘网站下载简历上传至人事系统里对应的空缺岗位。招聘专员还可以在平台上直接一键搜索合适的候选人，避免去每个招聘网站搜索一遍。这样可以减少招聘工作中很多重复的劳动，让招聘专员更加聚焦在怎样找到合适的候选人上。

2. 优化员工自助系统

自助服务系统自推出以来，虽然人力资源共享服务中心的系统维护团队一直在寻求持续优化和更新的方案，但从系统运行现状的效果来看，随着员工对自主系统的期待和需求越来越高，自助系统的功能现状已不能完成自助的使命，无法为员工带来更有效的服务质量。因此，优化和升级自助服务系统已迫在眉睫。

优化员工自助系统，可以为员工提供直接便利，从而减少共享服务中心和本地人力资源业务伙伴的工作量。例如，信息查询方式，通过优化员工自助系统，员工可以通过电脑端、手机端等便捷手段，自助查询社保、公积金、个人代扣代缴所得税、公司福利、补贴

津贴等各类信息。

3. 提升一线员工覆盖面

（1）切换人事系统，覆盖全员。共享服务中心成立后，成立专门项目组，多方调研、商讨和筛选，让共享服务中心可以通过一个系统来开展日常工作。任何员工的信息都可以在这个系统里查询和维护，这样就提升了报表的准确性和便捷性，提高了共享服务中心的工作效率。

（2）提升一线员工对人事系统的使用覆盖面。具体方法包括：①增加自助系统培训课程，面对面地给员工讲解自助系统的各项功能及员工如何使用，现场答疑解惑；②将之前发放给员工的操作指南做成小视频，在企业微信公共号里推送给每一位员工；③对于复杂问题共享服务中心提供远程支持。

（二）共享服务中心的工作流程优化

人力资源共享服务中心作为企业的一个共享服务的部门，主要职责是为企业内部的其他业务单元提供专业化、标准化、规模化的人力资源服务。为了提高所有员工的满意度，减少业务流程中的阻碍，共享服务中心应建立统一的标准化和自动化的工作流程。这有利于提升日常工作效率和应对风险的能力。设定好的标准和自动化的流程可以让员工清晰地进行工作，减少人为因素的影响，同时还能减轻员工的工作负荷及减少由工作流程不清晰带来的矛盾。

1. 统一工作流程

不同企业成立的背景各不相同，有合资背景、有独资背景、有并购的公司，这直接导致人力资源的工作流程存在很大的差异性。人力资源共享服务中心为了更好地服务于每一位员工，根据企业人力资源的指导方针将各企业的工作流程进行了"标准化"整合，使中国区各工厂的工作流程得以统一。

2. 深度开发线上工作流程

数字化和人工智能的运用对于自动化的运用将成为人力资源共享服务中心未来的发展新趋势。

例如，在人事系统中，共享服务中心根据前面梳理过的统一的入职和离职流程及标准化的文件，与系统开发项目组紧密合作，对人事系统中的入职和离职流程进行深度开发，将线下的入职调岗、转岗和离职流程及文件签署全部搬至线上，实现了绿色办公，提升了新员工入职体验。

3. 梳理现有工作流程并及时更新

对于出现的工作流程职责不清、存在模糊地带等问题，共享服务中心，这样运用了企业推荐的流程职责梳理工具，这样有助于确定角色和流程梳理，并将跨职能部门的职责分配给项目或活动各方，以确保达到交付成果。

4. 建立预警提醒机制，保障工作流程通畅

共享服务中心根据 SLA 的内容对中心工作建立预警提醒机制，每项工作在工作流程中设有明确的时间提醒。如果中心员工在既定的时间内没有完成，系统会升级提醒该员工的上级主管，让上级主管介入协助完成这项工作，以确保每项工作流程在既定的时间进度内，能按时完成。

（三）共享服务中心的人才保留培养计划

1. 建立胜任力模型

构建共享服务中心人员胜任力模型的目的是找出现有工作要求和员工胜任力之间的差异。首先，通过对工作职责的分析，提取核心必要能力，并将员工的能力与员工岗位必备的能力进行比较，以确定员工的胜任能力。其次，分析员工工作能力较弱的部分的根本原因，把员工工作能力的提高作为目标，给员工量身定制改善方案。

（1）构建胜任力模型。在开始搭建胜任力模型前，先了解了胜任力的组成部分。胜任力模型是由知识、技能、品质这三者结合而来，因此，"核心能力库、基本能力库与专业能力库"这三个方向是能力素质模型的重点。综合来看，员工绩效和员工的管理能力的强弱关联最大，和个性特征的关联最小。

（2）素质测评、同时给出反馈。企业每年年末对员工进行一次年度绩效考核，考核时会针对共享服务中心的每位员工进行一次 360 度测评。分别从员工自己、直线经理、下属或平行部门的同事对该员工进行打分，然后根据 360 度测评结果代入到 24 个不同维度，在设定的模型中计算测评结果。能力素质总分计算出来后，要和员工做一次反馈沟通总分情况，听取员工的想法并探讨下一步方案。为了帮助员工提升岗位胜任力，让员工尽快弥补不足的能力，让员工在岗位上有所晋升，需要针对员工能力测评较弱的地方量身定制培训学习方案。

（3）员工能力提升计划。根据前面的构建胜任力模型，完成员工能力素质测评和反馈，将三方面的打分情况作出比对，将一个相对客观和公正的考评给到员工，不再将经理的一个人的考评作为唯一依据。这种考评机制的执行，可以在员工晋升时做到有据可依。

将正确的人，放在正确的岗位上，和充分发挥员工的能动性才可以在实际工作中得以实现。针对考评结果中显示为高潜质的员工，为了有效提升员工的工作能力和拓宽员工在企业的职业发展，让这类员工在企业有更多的成长机会，企业应制定能力提升发展方案，并跟踪方案执行情况。

2. 拓宽员工职业发展通道

企业一直非常重视人才的内部培训和提升，每年都会有一定的预算用在培训项目上，向员工提供一些免费的学习机会，拓宽职业道路和职业生涯的发展。多元化的职业发展通道如下几种形式：根据企业内部的职位空缺情况申请跨职能部门调动；申请本部门内部轮岗，即尝试共享服务中心内部的不同岗位；申请在人力资源部内职位轮换，例如申请调到人力资源专家模块或人力资源业务伙伴模块的空缺岗位，甚至申请调到非人力资源业务部门。所有职业通道都为员工开放，只要员工本人有这方面的意愿，且胜任力能够达到。

同时，共享服务中心也在积极努力制订员工职业发展的计划，推动建立共享服务中心人才梯队和满足中心员工的多样的职业发展需求。每一年企业都有"领导力培训生项目"，推动人才在企业的多样性发展。共享服务中心借助领导力培训生项目的培训资源，从而推动和完善人才队伍的建设，为共享服务中心的人才库打下基础。该项目周期内，项目中的员工可以向自己感兴趣的职能部门申请轮岗学习，每次轮岗学习的周期为六个月，并且有三次这样的轮岗学习机会。通过该项目的学习，可以使员工提升自己的管理和沟通能力及专业知识。

3. 完善员工保留和薪酬计划

通过胜任力模型，发现员工业务能力的不足，并根据中心每位员工的实际情况制订改进计划。同时，职业发展通道的多元化让共享服务中心的员工看到了更多的希望。这些为员工保留计划打下了一定的基础。为了完善员工保留计划，还需要将职业生涯发展、管理沟通以及薪酬和福利激励结合起来。

（1）职业发展谈话。在人力资源共享服务中心的运行管理中，该管理工具主要针对高潜力员工、在职一段时间并具有熟练工作技能的员工。职业发展对话的发起人可以是员工本人、人力资源或公司管理层。对话的参与者通常包括该员工、该员工的直线经理、该员工直线经理的经理、人力资源代表。参与者各方讨论并分析员工的优势和需要改进的项目，然后讨论未来3-5年的中长期发展计划，制订可行的行动计划。本计划实施后，上述四位访谈者每两年将根据实际情况作出评估，根据评估结果，确定是否需要调整之前制订的行动计划。

（2）管理沟通。通过匿名方式，员工对直线经理评分，评分包括领导管理能力的各个维度，同时可以写下一些开放性的问题，例如员工平时不敢或不便直接问的问题。同时，直线经理完成自我评估。然后，根据员工评估和直线经理自我评估之间的差距，人力资源代表指导直线经理思考和总结自己对差距最大的问题的领导能力，以及员工希望了解的内容。管理沟通可以为员工提供机会，让他们在上级和下级之间进行畅通无阻、无压力的沟通。在某种程度上，它也是对公司管理层领导层的基层监督，还是获取员工反馈的一种方法。它为普通员工提供了公平的沟通机会，杜绝普通员工诉说无门的情况发生。

（3）薪酬福利激励。企业应该为员工提供有市场竞争力的薪酬福利方案。员工薪酬和福利激励不是单一的现金激励，而是以现金激励为主，辅以体现人文关怀的福利和精神奖励。其中，现金激励包括年薪调整、绩效奖金、核心人才保留奖金和基于员工贡献的业务奖金。精神激励主要包括年度优秀员工奖、杰出贡献奖、忠诚服务奖、总经理表彰信等。

三、人力资源共享服务中心运行机制的保障措施

（一）组织保障

人力资源共享服务中心运行机制的组织保障是指为了确保共享服务中心的有效运作和提供高质量的服务，采取的一系列措施和机制。这些机制旨在保障组织的资源、流程和人员能够有效地支持共享服务中心的运营。

组织变更需要得到最高管理层的批准，只有得到支持，优化项目的启动资金才能获得批准和通过。当然，人力资源共享服务中心也应该做好充分准备，以便企业的高管能够了解企业员工的现状和优化后的结果。

（二）技术保障

完善的系统平台管理是人力资源共享服务中心的日常运行的基础。因此，优化计划还涉及各种人事管理系统平台的升级和更新。优化方案能成功完成的关键离不开技术支持。一方面，组织企业的技术团队，不断优化现有系统平台的功能，跟上行业发展趋势；另一方面，组织牵头与第三方技术服务商合作，为人力资源共享服务中心设计更实用的管理系统平台，解决各种系统平台之间的数据连接问题。自动化全面实现，尤其是数字平台和自动化平台的建立也需要企业信息技术的持续支持和保障。

（三）沟通保障

组织架构、工作模式、人事服务、系统平台使用的变化，都影响着员工的使用和对共

享服务中心的满意支持度。在实施优化的过程中，与员工保持及时有效的沟通至关重要。如果员工不了解新流程、新系统平台，也不提前沟通即将推出的任何新事物，人力资源共享服务中心的优化结果最终将无法达到预期。同时，共享服务中心推出的能力和职业发展计划也需要员工的积极参与。因此，任何变更都应在第一时间提前通知员工。

在优化方案实施过程中，人力资源共享服务中心还应根据每个优化项目对员工进行问卷调查，并在运行过程中寻找持续改进的空间。沟通有多种渠道，如共享服务中心热线、总经理接待日访谈、公共邮箱发送的沟通电子邮件、团队建设中的沟通等主题活动。

（四）文化保障

企业的核心价值观是"诚实有信、责任担当、团队协作、持续创新"。以企业的核心价值观作为指导思想，必须进行持续的文化宣传和正确的文化引导，以获得全体员工从思想上和行动上的理解和支持。

人力资源共享服务中心宗旨与企业的价值观是完全一致的。要将诚实有信、责任担当、团队协作、持续创新，共享服务中心将这四大原则融入日常工作和服务中，言必信，行必果，合作共赢，不断超越自我，把人力资源共享服务中心的工作提升至一个新高度，让公司满意，让员工满意。

第五节 人力资源高质量协同发展

一、实体经济协同发展

实体经济协同是指人力资源部门与企业实体经济部门之间的合作与协调。人力资源部门需要了解企业的发展战略、业务需求和岗位需求，以便制订符合实际情况的人力资源策略和计划，确保人力资源与企业战略的一致性。实体经济与人力资源高质量协同发展，能够实现经济增长与劳动就业、产品供给与消费需求的良性循环，增强经济的韧性与抗压能力，不仅可在短期内直接助力"六稳"[①]"六保"[②]任务的落实，而且可在长期内更好适应双循环新发展格局。

[①] "六稳"：稳就业、稳金融、稳外贸、稳外资、稳投资、稳预期工作。
[②] "六保"：保居民就业、保基本民生、保市场主体、保粮食能源安全、保产业链供应链稳定。

(一) 实体经济与人力资源高质量协同发展的理论机理

1. 实体经济高质量发展牵引人力资源高质量供给

人力资源是经济发展必不可少的要素资源。目前,我国经济已由高速增长阶段进入高质量发展阶段,发展阶段的重大跃迁,也对包括人力资源在内的各种生产要素提出了新的更高要求。

以高质量为表征的新的经济发展模式需要劳动力的素质有根本性改变,即以更高质量的人力资源替代一般人力资源。就现阶段而言,经济高质量发展的基本特征可从四个方面来理解,即数量规模层面保持中高速增长,多维结构层面不断优化,发展动力层面创新驱动,结果效益层面经济效益与社会效益的持续提升和均衡分配。经济发展要表现出这些特征,要求人力资源供给以高质量为导向进行转型,这也揭示了人力资源高质量供给的基本内容维度。首先,经济的中高速稳定增长必然要求劳动力供给数量保持相对稳定,避免出现各种"用工荒"。其次,产业结构转型升级要求劳动力素质的整体提升,区域空间结构和城乡结构优化要求后发地区和乡村劳动力数量与质量的协同提升。再次,发展动力从要素和投资驱动转向创新驱动,关键是实现自主创新能力和绩效的持续提升,而自主创新既需要大量高层次的研发人才和企业家,也需要大量高素质的操作人才。最后,经济效益的改善主要源于劳动生产率的提升,社会效益的改善主要源于行为理念和价值观念的转变,而这两方面都反映了人力资源素质的提升。同时,发展成果按照贡献的合理分配,也有赖于人力资源素质的提升。一方面,人力资源整体贡献的提升可以提高劳动报酬在初次分配中的比重;另一方面,人力资源自身素质的改进可以相应改善就业条件和收入水平。

2. 人力资源高质量供给引领实体经济高质量发展

从供给侧看,人力资源是生产函数中最具能动性的要素,技术和资本的作用发挥都要以人力资源为基础,而且人力资源的素质和积极性也决定了技术和资本发挥功效的前沿边界。人力资源数量规模的稳步扩张是经济持续稳定增长的重要保障,人力资源素质提高带来的生产率改善是经济稳定增长的主导动力。人力资源整体素质的持续攀升和素质结构的持续优化,会推动技术水平和创新绩效的不断提升,从而为经济高质量发展提供不竭的动力源泉。人力资源知识素养和文明程度的提高,有助于增强经济主体的社会责任感,减少生产经营活动的负向外溢效应,减少对生态环境的破坏,促进经济绿色高质量发展。

从需求侧看,人是经济发展的目标和归属,经济发展要服从并服务于人的自由全面发展。我国社会主要矛盾发生了新的变化,人民的美好生活需要成为引领经济高质量发展的内生动力。高质量发展首先是以人民为中心的发展，既要在结果层面以丰富多样、绿色低碳的高质量产品和服务满足人民多元化的物质和文化需要，又要在过程层面以高层次的就业岗位、丰富的工作内容、人性化的工作体验满足人民差异化的劳动需要和自我实现需要。

人力资源对经济高质量发展的引领作用体现在三个方面：一是消费需求引领。人的生存与发展必然派生出各种各样新的消费需求，而且随着经济社会的发展，人的消费需求也会不断升级，从而引领产品和服务的转型升级。在现代市场经济条件下，消费需求已经成为引领经济增长的原动力，不断促进国内消费需求的扩张与升级也是当前我国经济增长的核心命题。同时，人力资源自身规模、结构和质量的变迁也会不断派生新的消费需求，进而为经济增长增添新动能。如，人口老龄化将加速老龄产业和老龄经济的发展，人口生育政策的调整将促进幼儿消费市场的繁荣。二是人力资本投资需求引领。人自由全面发展的需要投射到人力资源层面，就会产生人力资源自我累积发展的需要。为了不断提升人力资源素质，以教育培训、医疗卫生等领域为代表的人力资本投资持续增加，不仅会直接促进经济发展，而且这些领域具有广泛的联系带动效应，能够带动相关产业领域的转型升级。三是就业需求引领。劳动就业是人的根本需要及促进经济发展的必要路径。能否创造充足的就业岗位、满足人民的就业需求，是衡量经济发展质量的重要指标。增加就业也是政府宏观调控的四大目标之一，特别是在现阶段，"稳就业"处于我国宏观政策"六稳"的首位。随着经济社会条件的发展变化，人力资源的就业需求会在数量、层次、结构等方面不断呈现新的特征，这些新特征也会通过各种途径传递给相应的实体经济部门，从而引领实体经济的转型升级。

3. 实体经济与人力资源高质量协同互动的作用机理

实体经济与人力资源高质量协同发展的作用机理集中体现在两个层面：一是劳动力与就业岗位的有机对接。劳动力是人力资源中最具生产性的组成部分，其高质量供给能够支撑经济的中高速稳定增长，而经济高质量发展则能不断创造出新的就业岗位，既包括数量的变化，也包括类型和层次的变化，从而需要相应数量和质量的劳动力与之匹配。当这两个方面能够均衡对接时，意味着人力资源和经济发展均处于高质量的发展状态；当劳动力与就业岗位之间存在严重的结构性失衡时，意味着人力资源供给质量偏低，经济发展质量也会受到制约。同时，这种严重失衡并不会固化，也会产生相应的调适机制：一方面，会牵引人力资源提升供给质量；另一方面，也可能倒逼经济系统根据劳动力供给状况，或者布局更多的劳动密集型产业，或者布局更多的劳动节约型产业，其实际结果取决于两方力量的对比。二是产品服务与消费需求的有机对接。人力资源既是生产主体，也是消费主体，其高质量供给会派生出更大规模和更高层次的消费需求与购买能力，而经济高质量发展所提供的产品和服务也需要在消费市场上完成价值实现过程。相应的调节机制在于：一方面，高质量人力资源释放出的消费需求会引领实体经济转型升级，并以强劲的市场需求和丰裕的人力资本强化创新能力和绩效，提升经济高质量发展的能力；另一方面，人力资源也会根据既有的产品和服务供给状况调整自身消费需求。当然，这两种作用机制之间也不是绝对独立的，二者也会发生交叉作用。消费也是人力资源自身再生产的重要条件，特别是一些具有人力资本投资属性的消费还会显著提升人力资源供给质量，而人力资源供给质量的提升又可以更好地匹配就业岗位，进而提高劳动生产率和创新能力，使企业提供更高质量的产品和服务，以满足人力资源的美好生活需要。这样，就可以产品和劳动力为媒介构成一种动态循环链条，使实体经济高质量发展与人力资源高质量供给形成一种良性自我累积的互动机制。

(二) 实体经济与人力资源高质量协同发展的路径选择

实体经济与人力资源高质量协同发展具有多重正向效应，但在实践中，二者的关系常常与理想状态存在很大距离。为此，必须紧扣高质量协同发展的内在规律和客观要求，不断创新实体经济发展和人力资源开发模式，夯实二者有效互动的基础。

1. 实现创新驱动，强化产业结构与人力资源的协调互动

按照美国著名管理学专家迈克尔·波特的经济发展阶段理论，创新驱动阶段是实体经济在经历了要素驱动和投资驱动阶段之后新的目标阶段，能否顺利进入创新驱动阶段也是经济能否实现持续健康发展的关键。由创新驱动战略引领的产业结构调整升级，将主要借助人力资本这一中介变量对人力资源开发产生积极影响，从而促进人力资源开发与产业结构优化的协调互动。其一，从动力机制看，创新驱动战略主要依靠科技创新、制度创新、管理创新引领产业升级，将对创新的核心要素——人力资本派生出巨大需求，不仅会从需求层面拉动整体人力资本水平的提升，改善人力资源质量，而且会提高劳动生产率，减少对普通劳动力的需求，抑制人力资源规模的过快增长。其二，从调整结果看，创新驱动战略引领的产业结构调整，将高新技术产业、战略性新兴产业和现代生产性服务业作为目标产业，而这些产业都属于知识和技术密集型产业，将会强化对于高素质人力资本的需求，并通过技术进步和新产品、新服务的供给为人力资源质量改善提供良好条件，从而显著改善人力资源质量。同时，这也会降低劳动密集型产业比重，降低对普通劳动力的需求，减轻人力资源增长压力。

一方面，创新驱动应该成为未来产业结构调整模式的主导特征。一是要以落实创新驱

动战略为契机，完善区域创新体系，使企业成为区域创新的主要主体，依托高效的官产学研协同创新机制，提高自主创新效率，不断取得高水平的科技创新成果，在一批关键领域取得重大突破，为产业结构调整提供坚实的科技支撑。二是坚持以创新型产业为发展重点，围绕创新优化区域产业布局，构建以高新技术产业、战略性新兴产业、现代服务业为支柱的创新型产业体系，培育先进产业集群，突出区域产业结构的创新特色。三是落实对创新企业的各项优惠政策，在区域支柱产业领域培育创新型企业，并通过并购和战略合作培育一批创新型龙头企业。另一方面，必须构建创新导向的人力资源开发模式。一是塑造鼓励创新、容忍失败的创新文化氛围，加强创新教育，使人力资源具备基本的创新意识和创新技巧。二是以新一轮全面深化改革为契机，扎实推进户籍制度改革和社会保障体制改革，扫除创新型人才自由流动的制度壁垒和后顾之忧。三是完善创新人才的激励约束机制，加大优秀人才引进力度，落实相关优惠政策，构筑区域性创新人才集聚高地。四是针对创新对于人力资源素质的综合要求，健全区域人力资本投资体系，全面提升人力资源的综合素质。特别是要依托健全的医疗保健服务体系提升人力资源的身体素质，依托完善的综合教育体系提升人力资源的知识素养，通过优化氛围与多维调适相结合提升人力资源的心理素质。

2. 加快产才融合，强化人力资源与就业岗位的有机对接

实体经济与人力资源是相互依存、相互影响的关系，实体经济发展会带动人力资源发展，人力资源发展又会加速实体经济发展。以实体经济的主体——制造业为例，从供给侧看，无论是核心技术、装备、系统研发所需的高端人才，还是操作岗位所需的熟练技能人才，目前都存在较大缺口，而既懂生产制造，又懂企业管理，还熟悉信息化的复合型人才则更为缺乏。从需求侧看，无论是新兴产业培育，还是传统制造业改造，都需要相应的人才梯次结构支撑。由此可知，推动实体经济高质量发展，关键在于加强人力资源的供给和支撑，推动产业链、人才链、创新链相互贯通，实现产业发展和人才集聚同向发力、同频共振，以人力资源供给侧结构性改革推动实体经济高质量发展。

第一，建立多层次的人力资源开发体系，从学校、企业、社会等层面系统推进多层次人才队伍建设。可借鉴德国"双轨制"职业教育模式，确保人力资源总量和结构与实体经济发展相匹配。

第二，打造跨学科能力培养模式，适应不同学科的知识、理论和方法加速融合、交叉渗透的新趋势，促进学科专业交叉融合。建立个性化实践教学体系，打造以企业为依托的协同式实践平台。

第三，引进国内外高层次人才。以全球视野和战略眼光，充分开发国内外人才资源，

汇聚龙头企业和领军人才、创新团队。

第四，全方位完善政策支持体系。推进教育"放管服"改革，健全需求导向的人才培养结构调整机制，落实社会力量举办教育的各项财税、投资、金融、用地等优惠政策，优化创新创业服务环境。

3. 坚持量质并重，强化人力资源数量与质量的联动提升

人力资源本身就是数量与质量的综合体，因此，要树立量质并重的人力资源开发理念。既重视质量层次提升，又重视数量规模扩张，同时以丰厚的人力资本基础支撑顶尖人力资本的高度，依靠高端人力资本提升人力资本的平均水平，从而构建一种量质并重的人力资源开发模式。

第一，继续加大人力资本投资力度，切实提升人力资本平均水平，同时将人力资本投资的重点向顶级人才倾斜，培养一批拔尖人才和领军人才。

第二，进一步优化人口生育政策，保持人口规模适度增长，增强人力资源数量扩大的内生动力，将人力资源数量规模保持在相对稳定的区间。

第三，优化人力资源配置结构。倡导团队型人力资源配置模式，促进优秀人才与普通劳动力的合理搭配，实现人力资源数量与质量的良性互动。

第四，加强老龄人力资源开发。通过弹性工作制和工作内容合理化，使部分老龄人力资源继续发挥余热，既能充分利用老龄人力资源的经验优势，提高老龄人力资源的自我供养能力，又有助于满足老龄人力资源的自我实现需要，从而帮助全社会以积极的心态应对老龄化。

二、战略协同发展

战略协同是指人力资源部门与企业战略管理部门之间的协作。人力资源部门需要参与战略制定过程，理解企业的长期目标和发展方向，从人力资源角度提供支持和建议，确保人力资源战略与企业战略相一致。

（一）战略管理与人力资源高质量协同发展的理论机理

在战略管理的框架下，人力资源管理需要与组织的战略目标相一致，并为其提供支持。战略管理和人力资源管理之间的协同发展是实现组织成功的关键。

第一，战略管理提供了人力资源管理的指导框架。通过明确组织的战略目标和方向，战略管理为人力资源管理提供了明确的指导。人力资源管理需要根据组织的战略需求来招聘和培养员工，以满足组织战略目标的要求。

第二，人力资源管理对于战略管理的实施至关重要。一个有效的人力资源管理系统可以帮助组织招募、留住和培养高素质的人才。这些人才能够为组织提供竞争优势，并支持组织实现其战略目标。人力资源管理还可以通过激励和奖励机制，激发员工的积极性和创造力，促进组织的创新和发展。

第三，战略管理和人力资源管理之间的协同发展还可以带来组织的绩效提升。当战略管理和人力资源管理相互配合时，组织就可以更好地利用其人力资源，并提高员工的工作效能和满意度。这将促使组织实现更高的绩效水平，增强其在市场中的竞争力。

总之，战略管理和人力资源管理的高质量协同发展，通过明确战略目标、建立有效的人力资源管理系统，并促进二者之间的相互配合，组织可以实现长期的竞争优势和卓越绩效。因此，未来的研究应该进一步探索战略管理与人力资源管理之间的关系，为组织的战略和人力资源决策提供更深入的理论和实践指导。

（二）战略管理与人力资源高质量协同发展的路径选择

高质量的战略管理和人力资源协同发展一直是组织成功和可持续发展的重要因素。在当今竞争激烈的商业环境中，组织需要制定有效的战略管理方案，并与其人力资源实施策略相协调，以实现卓越绩效和持续竞争优势。

第一，为了实现战略管理与人力资源的协同发展，组织需要建立一个明确的战略规划框架。这包括确定组织的使命、愿景和核心价值观，以及明确的短期和长期目标。通过制定战略规划，组织能够确定战略方向，并为人力资源部门提供明确的目标和方向，从而实现协同发展。

第二，组织需要确保战略管理和人力资源之间的紧密联系。这可以通过建立战略管理和人力资源部门之间的沟通渠道和合作机制来实现。例如，可以定期组织战略管理和人力资源部门之间的会议和工作坊，以促进信息共享和协调行动。此外，人力资源部门应参与制定战略计划的过程，以确保其与人力资源策略的一致性，并及时提供人力资源支持和解决方案。

第三，组织应该重视人力资源的发展和管理。这包括吸引、培养和留住优秀的人才。组织可以通过建立有效的招聘和选拔机制来吸引高素质的员工，通过提供培训和发展机会来提升员工的能力，以及通过实施有竞争力的薪酬和激励制度来留住人才。此外，组织还应关注员工的工作满意度和福利待遇，以提高员工的工作动力和积极性。

第四，组织还应注重建立有效的绩效管理体系。这包括制定明确的目标和绩效指标，并通过定期评估和反馈来跟踪和改进员工的绩效。通过有效的绩效管理，组织可以识别和奖励优秀表现的员工，并为员工提供成长和发展的机会，从而实现战略管理与人力资源的协同发展。

第五，组织还应注重建立学习型组织的文化。学习型组织鼓励员工不断学习和创新，并通过知识共享和团队合作来实现组织的学习和创新能力。组织可以通过建立培训和发展计划、知识管理系统和跨部门合作机制来促进学习型组织的建设。这将有助于提高组织的战略管理能力，并将其与人力资源的协同发展紧密结合起来。

总之，战略管理与人力资源的高质量协同发展需要建立明确的战略规划框架，确保战略管理与人力资源之间的紧密联系，重视人力资源的发展和管理，建立有效的绩效管理体系，以及注重建立学习型组织的文化。通过选择这些路径，组织可以实现战略管理与人力资源的高质量协同发展，并取得持续的竞争优势。

三、招聘选拔协同发展

招聘选拔协同是指人力资源部门与招聘部门之间的紧密合作。人力资源部门需要与招聘部门密切合作，确保招聘选拔的流程和标准符合企业的要求，以吸引和选拔到适合岗位的人才。

（一）招聘选拔管理与人力资源高质量协同发展的理论机理

第一，招聘选拔管理的有效实施有助于构建组织与员工之间的良好匹配关系。通过精心设计和执行招聘选拔过程，组织可以吸引和选拔到适合岗位要求的人才，从而实现组织需求与员工能力之间的良好匹配。这种良好的匹配关系能够促进员工的工作满意度和组织承诺，进而提高员工的工作绩效和组织绩效。

第二，招聘选拔管理可以有效提高组织的人力资源质量。通过严格的选拔程序和标准，招聘选拔管理可以筛选出具有较高素质和能力的员工，为组织提供了高质量的人力资源。高质量的人力资源具备良好的专业知识和技能，能够更好地适应组织的变化和发展需求，为组织创造竞争优势。

第三，招聘选拔管理与人力资源高质量协同发展之间存在着相互促进的关系。招聘选拔管理的有效实施为人力资源的高质量提供了基础，而高质量的人力资源则为招聘选拔管理的成功实施提供了保障。这种相互促进的关系使得组织能够实现人力资源的持续优化和发展，为组织的长期成功奠定坚实的基础。

第四，招聘选拔管理还可以促进组织的创新能力和竞争力。通过有效的招聘选拔管理，组织可以吸引到具有创新思维和能力的人才，激发组织内部的创新活力。这些具有创新能力的员工可以为组织带来新的想法和方法，推动组织在市场竞争中取得优势地位。

总之，招聘选拔管理与人力资源高质量协同发展的理论机理主要包括良好的匹配关系构建、人力资源质量提升、相互促进关系和创新能力提升。通过深入理解和应用这些机理，组织可以有效地实现招聘选拔管理与人力资源的协同发展，从而提升组织的绩效和竞争力。

（二）招聘选拔管理与人力资源高质量协同发展的路径选择

以下是一些实现招聘选拔管理与人力资源的高质量协同发展路径选择的建议：

第一，策略与规划。确保招聘选拔管理与人力资源的协同发展需要在整体战略和规划的基础上进行。明确组织的人力资源需求，并将其与招聘选拔策略相结合，以确保员工的技能、经验和背景与组织的目标和价值观相匹配。

第二，流程优化。优化招聘选拔流程，确保高效和高质量的招聘结果。使用先进的招聘工具和技术，如在线招聘平台、应聘者筛选工具和面试评估工具，以提高招聘效率和准确性。

第三，合适的选拔工具。采用多种选拔工具和方法，以全面评估候选人的能力和适应性。这可能包括面试、测验、案例分析、参观日等，确保选拔过程公正、准确和客观。

第四，培训发展。建立完善的培训发展计划，以提高员工的技能和能力。为新员工提供入职培训，并为现有员工提供持续的专业培训和职业发展机会。这将有助于提高员工绩效和减少人员流失率。

第五，数据驱动决策。利用数据和分析来指导招聘选拔管理和人力资源决策。收集和分析有关候选人来源、选拔工具效果和员工绩效的数据，以识别成功的招聘渠道和选拔策略，并为未来的招聘选拔决策提供依据。

第六，沟通与协作。建立良好的沟通渠道和协作机制，促进招聘选拔管理与人力资源之间的合作。确保招聘和人力资源团队之间的信息共享和协同工作，以便更好地满足组织的人力资源需求。

第七，持续改进。进行定期的评估和反馈，以持续改进招聘选拔管理和人力资源实践。定期评估招聘选拔过程的效果，并根据反馈和数据作出相应的调整和改进。

总之，招聘选拔管理与人力资源的协同发展需要全面考虑组织的战略目标、员工需求和市场趋势。同时，灵活性和持续的学习也是关键，以适应不断变化的环境和需求。

四、培训发展协同发展

培训发展协同是指人力资源部门与培训部门之间的协同工作。人力资源部门需要与培训部门密切配合,根据企业的培训需求和员工的发展需求,制订培训计划和发展路径,确保培训发展活动能够提升员工的能力和素质,与企业发展相契合。

(一)培训发展管理与人力资源高质量协同发展的理论机理

在现代组织中,培训发展管理以及人力资源管理是关键要素,它能够促进组织的高质量协同发展。这些领域的理论机理涉及组织中人力资源的获取、培养、发展和管理等方面,旨在提高员工的绩效和组织的竞争力。

第一,培训发展管理对于人力资源的高质量协同发展起着重要的作用。培训和发展是组织中不断提高员工技能和知识水平的关键手段。通过培训,员工可以获取新的知识和技能,提高工作效率和绩效水平。在组织中,培训和发展可以帮助员工适应变化的工作环境和技术要求,提高工作适应能力和创新能力。同时,培训和发展也能够激发员工的积极性和工作动力,增强员工对组织的归属感和忠诚度。

第二,人力资源管理的有效实施也是高质量协同发展的关键因素。人力资源管理包括人才招聘、员工绩效管理、薪酬福利等方面。在人才招聘方面,组织需要根据自身的战略目标和人力资源需求,制订合适的招聘计划,吸引和选拔符合组织要求的人才。员工绩效管理则通过设定明确的目标和绩效评估体系,激励员工持续提高绩效水平。此外,适当的薪酬福利政策也能够提高员工的满意度和积极性,增强员工对组织的认同感和凝聚力。

第三,培训发展管理与人力资源高质量协同发展的理论机理还涉及组织文化和领导力的影响。组织文化是组织的核心价值观和行为准则,能够塑造员工的行为方式和工作态度。通过培训和发展,组织可以传递和强化组织的核心价值观和文化,促使员工与组织价值观的契合。领导力在培训发展管理中也起着至关重要的作用。有效的领导力可以激发员工的潜力,推动组织的创新和变革。领导者应具备良好的沟通和激励能力,能够激发员工的学习兴趣和动力,营造积极的学习氛围。

第四,培训发展管理与人力资源高质量协同发展的理论机理还需要建立有效的评估和反馈机制。组织应该建立有效的培训评估和反馈机制,及时了解培训效果和员工的需求,不断优化培训计划和方法。同时,通过定期的员工绩效评估和反馈,可以发现员工的潜在问题和发展需求,为员工提供进一步的发展机会和支持。

总之,培训发展管理与人力资源高质量协同发展的理论机理包括培训和发展的作用、人力资源管理的实施、组织文化和领导力的影响,以及有效的评估和反馈机制。这些机理相互作用,共同推动组织和员工的持续成长和发展,实现高质量协同发展的目标。组织应该充分重视培训发展管理和人力资源管理的重要性,不断优化管理机制和方法,提升组织的绩效和竞争力。

（二）培训发展管理与人力资源高质量协同发展的路径选择

第一，确定战略目标。企业应明确自己的战略目标和发展方向，将培训发展管理与人力资源的策略与之相衔接。只有这样，培训发展计划才能真正服务于组织的长远发展。

第二，制订综合培训计划。企业应制订全面的培训计划，包括新员工培训、职业发展计划、技能培训等。这些计划应该根据不同员工的需求和岗位特点进行个性化设计，确保培训的针对性和有效性。

第三，建立培训评估机制。企业应建立培训评估机制，对培训效果进行评估和反馈。通过评估结果，及时调整培训计划，确保培训发展管理的持续改进和优化。

第四，强化绩效管理。企业应建立科学的绩效管理体系，将培训和发展与绩效考核相结合。通过设立明确的目标和指标，激励员工积极参与培训和发展活动，并将其成果与绩效考核结果相挂钩。

第五，建立学习型组织文化。企业应倡导学习型组织文化，鼓励员工不断学习和创新。通过分享知识、提供学习资源和激励机制，营造一个积极学习的环境，促进员工的个人成长和组织的创新能力。

总之，培训发展管理与人力资源的高质量协同发展是企业实现持续竞争优势和可持续发展的重要路径选择。通过制定明确的战略目标、建立全面的培训计划、建立科学的绩效管理体系和倡导学习型组织文化，企业可以实现培训发展管理与人力资源的良好协同，从而提升员工的综合素质和组织的竞争力，实现共同的发展目标。

五、绩效管理协同发展

绩效管理协同是指人力资源部门与绩效管理部门之间的协作。人力资源部门需要与绩效管理部门共同制定绩效评估指标和标准，确保绩效评估的公平性和准确性，并根据绩效评估结果制定相应的激励和奖惩措施，以推动员工的持续发展和提高整体绩效。

（一）绩效管理与人力资源高质量协同发展的理论机理

人力资源的高质量协同发展需要绩效管理的支持和引导。首先，绩效管理可以帮助组织明确目标和期望，为员工提供明确的工作任务和角色职责，从而提高工作的清晰度和明确度。同时，绩效管理还可以建立明确的绩效评价体系，通过定期的绩效评估和反馈，帮助员工了解自己的工作表现，并及时进行调整和改进。这样一来，员工的工作动力和责任感会得到激发,从而提高他们的工作绩效。

第一,绩效管理可以促进员工的个人发展和学习。通过与员工进行绩效评估和个人发展规划,可以帮助他们认识自己的优势和不足,并为他们提供相应的培训和发展机会。这不仅有助于员工个人的成长,也可以提高他们在工作中的表现和能力,进而对组织的整体绩效产生积极的影响。

第二,人力资源的高质量协同发展也可以促进绩效管理的有效实施。①人力资源管理可以通过制定合理的激励机制,激发员工的工作积极性和创造力,从而提高他们的绩效水平。例如,通过设立奖励机制,可以激励员工在工作中表现出色。②人力资源管理还可以通过合理的人员配置和团队建设,提高团队的协同效能,从而增强绩效管理的效果。良好的团队合作氛围和有效的沟通机制,可以促进员工之间的合作和信息交流,有助于解决问题和提升绩效。

(二)绩效管理与人力资源高质量协同发展的路径选择

绩效管理与人力资源的高质量协同发展是组织成功的关键要素之一。为了实现这一目标,组织可以选择以下路径:

第一,设定明确的目标和期望。组织应该明确制定战略目标,并将其转化为具体的部门和个人目标。这些目标应该是可衡量的,以便进行有效的绩效评估和监测。同时,组织还应该与员工进行充分的沟通和协商,确保他们理解和接受这些目标,并为其实现提供支持。

第二,建立科学的绩效评价体系。组织应该建立科学、公正、可靠的绩效评价体系,以客观地评估员工的绩效水平。这包括制定明确的评价标准和指标,并为评估者提供培训和指导,确保评价的准确性和公正性。同时,评价结果应该及时反馈给员工,并为他们提供改进和发展的机会。

第三,提供全面的培训和发展机会。组织应该为员工提供广泛的培训和发展机会,以提高他们的工作技能和知识水平。这包括内部培训、外部培训和跨部门交流等方式。同时,组织还应该制定个人发展规划,与员工共同探讨他们的职业目标和发展方向,并提供相应的支持和指导。

第四,建立有效的激励机制。组织应该设计并实施合理的激励机制,以激发员工的工作积极性和创造力。这可以包括薪酬激励、非金钱激励和职业发展机会等方面。同时,激励机制应该与绩效评价挂钩,确保激励的公平性和可持续性。

第五,加强团队合作和沟通。组织应该鼓励和促进员工之间的团队合作和信息交流。

这可以通过定期组织团队活动、建立有效的沟通渠道和分享最佳实践等方式实现。良好的团队合作和沟通氛围可以增强员工之间的协同效能，提高整体绩效水平。

总之，绩效管理与人力资源高质量协同发展的路径选择包括设定明确的目标和期望、建立科学的绩效评价体系、提供全面的培训和发展机会、建立有效的激励机制，以及加强团队合作和沟通。通过这些路径的选择和实施，组织可以实现绩效管理与人力资源的协同发展，从而提高整体绩效水平，取得持续的竞争优势。

六、员工关系协同发展

员工关系协同是指人力资源部门与员工关系部门之间的合作与沟通。人力资源部门需要与员工关系部门共同维护良好的员工关系，解决员工的问题和困扰，提供员工支持和咨询，以建立和谐的劳动关系，促进员工的积极性和忠诚度。

（一）员工关系管理与人力资源高质量协同发展的理论机理

第一，员工关系管理和人力资源的协同发展可以提升员工的工作满意度和组织认同感。员工关系管理强调建立积极的员工关系，通过沟通、参与和公正的决策过程来促进员工的参与感和归属感。人力资源管理应注重员工的发展和激励，通过提供培训、晋升机会和绩效奖励等方式来满足员工的个人成长需求。当这两个方面得到有效整合时，员工将感到被认可和重视，从而更加投入工作，并为组织取得更好的绩效。

第二，员工关系管理和人力资源的协同发展可以改善组织的沟通效果和决策质量。良好的员工关系管理可以打破组织内部的沟通障碍，促进信息的流动和共享。而人力资源管理的目标是建立有效的沟通渠道和反馈机制，使员工和管理层之间的信息传递更加顺畅。当员工关系管理和人力资源管理在沟通方面相互支持时，组织就可以更好地获取员工的意见和建议，从而改善决策的质量。

第三，员工关系管理和人力资源的协同发展可以增强组织的创新能力和适应性。员工关系管理注重建立开放、包容的工作环境，鼓励员工提出新的想法和创新。而人力资源管理则提供培训和发展机会，帮助员工提升技能和适应组织变革。当这两个方面相互融合时，组织就能够吸引和留住具有创造力和适应性的人才，促进组织的创新能力和竞争力。

第四，员工关系管理和人力资源的协同发展可以提升组织的绩效和竞争优势。通过建立良好的员工关系，组织能够提高员工的工作满意度和忠诚度，降低员工的离职率。而人力资源管理的目标是优化员工的配置和激励，确保组织能够拥有高素质的员工队伍。当员工关系管理和人力资源管理相互支持时，组织能够实现员工的最佳发挥，提升绩效和竞争优势。

总之，员工关系管理和人力资源的协同发展可以通过提升员工的工作满意度和组织认同感、改善组织的沟通效果和决策质量、增强组织的创新能力和适应性，以及提升组织的绩效和竞争优势。这些理论机理为我们理解员工关系管理与人力资源高质量协同发展的重要性提供了有力的解释。

（二）员工关系管理与人力资源高质量协同发展的路径选择

员工关系管理与人力资源的高质量协同发展需要明确的路径选择和有效的实施策略。在实践中，可以采取以下几个方面的路径选择来实现员工关系管理与人力资源的协同发展。

第一，建立共同的目标和价值观是实现协同发展的基础。组织应明确员工关系管理和人力资源管理的共同目标，例如提升员工的工作满意度、增强组织的竞争力等。同时，组织应明确共同的价值观，如公平、公正和透明等，以确保员工关系管理和人力资源管理在实践中能够相互支持和促进。

第二，建立有效的沟通和反馈机制是实现协同发展的重要手段。组织应建立开放、透明的沟通渠道，使员工能够自由表达意见和建议。同时，组织应建立及时的反馈机制，将员工的反馈纳入人力资源管理的决策过程中。通过这样的机制，员工关系管理和人力资源管理可以实现信息的共享和互动，从而实现更好的协同发展。

第三，整合员工关系管理和人力资源管理的实践是实现协同发展的重要途径。组织应将员工关系管理和人力资源管理纳入绩效管理体系，确保两者的实践相互协调和相互促进。例如，在绩效评估中，除了考虑员工的工作业绩，还应考虑员工的关系建设和团队合作等方面的贡献。通过整合实践，可以实现员工关系管理和人力资源管理的有机结合，提升组织的绩效和竞争力。

第四，培养和发展组织内部的专业人才是实现协同发展的重要保障。组织应注重员工关系管理和人力资源管理的人才培养，为员工提供相关的培训和发展机会。同时，组织也应建立相应的激励机制，以吸引和留住具有员工关系管理和人力资源管理专业知识的人才。通过培养专业人才，可以提升员工关系管理和人力资源管理的能力，进而实现协同发展的目标。建立共同的目标和价值观、建立有效的沟通和反馈机制、整合实践，以及培养和发展专业人才是实现员工关系管理与人力资源高质量协同发展的路径选择。组织可以根据自身情况和需求，灵活地选择和实施这些路径，以实现协同发展的目标。

总之，人力资源高质量协同发展需要在实体经济、战略、招聘选拔、培训发展、绩效管理和员工关系等方面实现协同，以提升组织的整体绩效和员工的满意度。

参考文献

[1] 鲍宜周. 基于中国式人力资源管理理念的企业人才培养模式[J]. 山西财经大学学报, 2022, 44（S2）: 25-27.

[2] 陈通荣, 陈雅洁. 企业招聘人员的工作认知浅析[J]. 现代营销（下旬刊）, 2020, (09): 228-229.

[3] 陈文霞. 煤炭企业人力资源管理的现状及信息网络技术的应用[J]. 中国集体经济, 2022, (16): 121-123.

[4] 范玉通. 基于人力资源管理提升企业员工队伍建设水平的作用探析[J]. 就业与保障, 2022, (10): 46-48.

[5] 顾琴轩, 吴以琪, 胡冬青. 张弛有道: 创新型企业承诺与控制融合的人力资源管理模式[J]. 厦门大学学报（哲学社会科学版）, 2022, 72（06）: 54-66.

[6] 郭庆, 王涛. 共促人力资源服务业平台化转型发展[J]. 宏观经济管理, 2021, (01): 57-64.

[7] 韩佳琛. 人力资源战略的内涵与价值[J]. 现代商业, 2011, (20): 147.

[8] 贺菲. 5G信息技术在人力资源管理中应用探讨[J]. 电脑知识与技术, 2022, 18（18）: 86-88.

[9] 黄明. 数字化人力资源管理人才培养存在的问题及对策[J]. 黑河学院学报, 2023, 14（01）: 72-74.

[10] 李华林. 浅议人力资源绩效考核方法与应用见解[J]. 中国集体经济, 2022, (08): 104-105.

[11] 李雪琪. 企业人力资源配置模式与作用探析[J]. 就业与保障, 2022, (07): 79.

[12] 李永靓. 基于市场经济的企业人力资源管理激励机制优化对策[J]. 中国市场, 2023, (09): 112.

[13] 梁丁. TOE框架下的企业数字化人力资源管理转型[J]. 黑河学院学报, 2023, 14（04）: 65-67.

[14] 梁玉明. 基于互联网时代的人力资源管理新思维的探索［J］. 中国集体经济, 2023, (01)：121-124.

[15] 廖志良. 信息技术在高校人力资源管理中的应用研究［J］. 科技风, 2023, (09)：60-62.

[16] 刘冰, 李逢雨, 朱乃馨. 适应变化：柔性人力资源管理的内涵、机制与展望［J］. 中国人力资源开发, 2020, 37 (10)：91-108.

[17] 刘大伟, 王海平. 高质量发展视域下企业人力资源管理伦理研究［M］. 武汉：华中科技大学出版社, 2022.

[18] 刘洪波. 人力资源数字化转型：策略、方法、实践第1版［M］. 北京：清华大学出版社, 2022.

[19] 马佳. 信息技术在人力资源管理中的有效应用［J］. 大陆桥视野, 2023, (05)：121-123.

[20] 孟颖. 基于信息系统的医院人力资源管理新模式研究［J］. 财经界, 2022, (05)：143-145.

[21] 莫芳. 员工的招聘和甄选体系及员工关系管理策略［J］. 中小企业管理与科技（中旬刊）, 2021, (08)：170-171.

[22] 史娜. 人力资源培训与开发实用教程［M］. 北京：北京邮电大学出版社, 2014.

[23] 汤莉莉. 企业员工招聘面临的风险及其预防策略［J］. 现代企业文化, 2022, (22)：143-145.

[24] 王丽莹, 潘淑贞. 人力资源培训与开发［M］. 广州：华南理工大学出版社, 2011.

[25] 王学秀. 企业能以价值观甄选员工吗［J］. 中外企业文化, 2021, (12)：30-32.

[26] 王妍. 浅析企业人力资源绩效管理存在的问题及应对策略［J］. 企业改革与管理, 2023, (08)：62-64.

[27] 魏云华. 信息技术对人力资源管理的影响与优化［J］. 商业文化, 2021, (35)：68-69.

[28] 吴婧媛, 李佳. 人力资源管理信息系统数据质量治理浅议［J］. 环渤海经济瞭望, 2022, (09)：94-96.

[29] 吴颖群, 姜英来. 人力资源培训与开发［M］. 北京：中国人民大学出版社, 2019.

[30] 肖司炫. 创新人力资源专业培养新模式［J］. 人力资源, 2021, (24)：100-101.

[31] 徐刚. 人力资源数字化转型行动指南［M］. 北京：机械工业出版社, 2021.

[32] 许旭. 大数据时代企业人力资源管理变革策略的分析［J］. 老字号品牌营销, 2022,

(06)：156.

[33] 许云萍. 现代人力资源管理与信息化建设［M］. 长春：吉林科学技术出版社，2020.

[34] 杨琛. 绿色人力资源管理对企业环境绩效的影响研究［J］. 价格理论与实践，2022，(06)：173-176.

[35] 姚兵. 企业员工招聘中的"三重匹配性"［J］. 企业科技与发展，2021，(08)：108-110.

[36] 姚西红. 大数据背景下如何优化企业人力资源绩效管理［J］. 中国商界，2023，(04)：130-131.

[37] 于晅. 互联网背景下企业人力资源管理模式创新研究［J］. 商场现代化，2023，(05)：99-101.

[38] 余奎. 新时期企业人力资源绩效管理体系研究［J］. 环渤海经济瞭望，2023，(04)：84-86.

[39] 余沿橙，李婉君. 信息化人力资源管理在企业管理中的应用困境研究［J］. 科技风，2023，(11)：157.

[40] 张国锋. 事业单位人力资源管理中弹性管理的运用研究［J］. 财经界，2022，(28)：171.

[41] 张海松. 企业人力资源绩效管理优化措施［J］. 经济师，2023，(05)：276+281.

[42] 张洁. 人力资源绩效考核方法探析［J］. 现代商业，2022，(24)：85-87.

[43] 张田妹. 基于大数据下人力资源管理信息化建设探讨［J］. 财经界，2023，(05)：174-176.

[44] 张燕娣. 人力资源培训与开发［M］. 上海：复旦大学出版社，2022.

[45] 张岳玲. 人力资源管理中的员工招聘与培训分析［J］. 商展经济，2021，(21)：128-130.

[46] 赵海涛. 平衡计分卡在企业人力资源绩效考核中的应用［J］. 现代企业文化，2022，(28)：98-100.

[47] 赵宗倩. 人力资源管理数字化转型：要素、模式与路径［J］. 营销界，2023，(03)：17.